福島が沈黙した日

原発事故と甲状腺被ばく

榊原崇仁
Sakakibara Takahito

a pilot

目次

図版作成／ＭＯＴＨＥＲ

はじめに

新型コロナウイルスの感染拡大により、世間の様相は一変した。多くの学校が長期休校となり、飲食店街から人の姿が消えた。五輪開催は見通せなくなり、夏でもマスクが必須となった。私が勤める新聞社の紙面も連日、コロナ絡みの記事で埋められている。

社会の空気が変わる感覚は一〇年ほど前にも抱いた。

二〇一一年三月一一日、東日本大震災が発生した。東京電力福島第一原発事故が起き、一〇万人を遥《はる》かに超える人たちが避難を強いられた。慣れ親しんだ故郷を突然追われ、全国各地に逃れていった。沈痛な空気が広まった。

当時、私が勤務していた石川県には北陸電力志賀《しか》原発があった。福島第一原発と同様の事故が起きた時、県内に住む人たちが無事に避難できるのかと考え、県の地域防災計画の検証を進めた。原発取材とは縁がなかった私も、原発事故を我が事として受け止めるようになっていた。

東京新聞の特別報道部へ異動してまもない一三年秋、私は福島原発事故で被災した人たちの取材を始めた。福島県内の仮設住宅を巡り、避難生活を強いられた方々の胸中をうかがった。

その一方で特に問題意識を持っていたことがあった。甲状腺内部被ばくの状況だった。

放射線にさらされる「被ばく」は、体の外から放射線を受ける「外部被ばく」、体の中に放射性物質を取り込み、体の内側が放射線にさらされる「内部被ばく」に大別できる。

甲状腺内部被ばくは放射性ヨウ素という放射性物質によってもたらされる。空気中を漂っている時に呼吸すると体内に取り込んでしまうほか、水などに混ざった分を口にすると体内に入る。放射性ヨウ素はのどにある甲状腺に集まる性質があり、放射線を発して被ばくさせる。これによって後々、ホルモン分泌をつかさどる甲状腺のがんに見舞われることがある。

原発事故の被害のうち、核心に当たるのが甲状腺内部被ばくと考えていた。

被ばくは、原発事故特有の被害と言える。その中でも甲状腺内部被ばくは、特に目を向ける必要があった。原因となる放射性ヨウ素は気化しやすいため、事故が起これば放出される可能性が高かった。一九八六年に旧ソ連で起きたチェルノブイリ原発事故でも放射性ヨウ素が大量に放出され、被災した子どもたちの間で甲状腺内部被ばくによる甲状腺がんが多発したとされる。あの事故で周辺住民に生じた唯一の放射線被害が甲状腺がん、と解説した研究者もいる。

つまり「事故の際に見舞われやすい」「深刻な被害をもたらした実例がある」と言えるのが

甲状腺内部被ばくだった。だからこそ、その状況をつかむ必要があると考えて取材を始めた。ほどなくして、政府が甲状腺内部被ばくを調べる測定を行っていたことを知った。事故から二週間ほどたった二〇一一年三月二四日から三〇日にかけて実施していた。のどに測定器を当て、甲状腺から出る放射線の状況を調べることで、甲状腺に集まる放射性ヨウ素の量、その放射性ヨウ素がもたらす内部被ばくの程度をつかむという試みだった。

しかし、政府の測定で調べたのは一〇八〇人だけだった。福島県民だけでもおよそ二〇〇万人、一八歳以下でも四〇万人近くいたにもかかわらずだ。

放射性ヨウ素は、量が半分になる「半減期」が八日と短い。しばらくすると消えてしまう。早く測らないと、被ばくの状況が分からなくなる。「望まない被ばくをした」「被ばくのせいでがんになった」と訴えたい人がいても、測定を受けて「被ばくした」という記録を残しておかないと、被害を訴えるのが難しくなる。そう考えると、行政側は事故からまもない時期により多くの人を測っておくべきだったのに、政府は一〇八〇人を調べて終えてしまった。

後のコロナ禍でも、一人一人の感染の状況を調べる「PCR検査」の実施件数が少ないと問題視された。これに先駆けた福島原発事故でも似た状況が生じていたと言える。

なぜわずかしか調べなかったのか。

その疑問の解明こそ必要と考え、情報収集に没頭していった。

取材を続けている間、甲状腺がんが見つかった人は相当な数に上った。福島県が事故後に取り組む県民健康調査では、事故発生時一八歳以下の県民四〇万人近くを対象に甲状腺がんの有無を調べる検査を実施しており、「がんやその疑い」と公表された人数は一八年に二〇〇人を超えた。専門家による検討委員会は一六年三月の段階で、過去の全国的な水準から推定される人数よりも数十倍のオーダーで多く見つかっていると分析した。

ところが政府も県も「甲状腺がんの異常発見」が甲状腺内部被ばくでもたらされたと認めていない。根拠としてよく引用するのが、政府の甲状腺被ばく測定だ。一〇八〇人の測定結果を基に「被ばくの程度はそれほどでもない」「今見つかるがんと被ばくの関連は考えにくい」と周知した。がんが多く見つかるのは「自覚症状のない人も幅広く検査したため」などと説明してきた。

当然ながら、被ばくの被害はない方がいい。しかし、疑問が募るばかりだった。

測定数が少ないことをなぜ問題視しないのか。そもそもなぜわずかしか測らなかったのか。これらはいわゆる「政府事故調」「国会事故調」でも先行報道でも明らかにされなかった。当時の文書が廃棄され、関係者の特定も難しかったのかもしれないと受け止めていた。

時がたつにつれ、福島原発事故の報道は大きく減った。しかし私は取材を続けた。やめなかった理由は明確だった。被ばくの状況をよく調べず、「被ばくの影響は考えにくい」と片付けようとする行政側の姿勢は全く理解できず、被災した人たちも納得いかないだろうと思ってきたからだ。強弁の裏にある理屈や思惑をたださなければ、これからも同じ事態が起こり得ると考えてきたからだ。

取材の末に明らかになったのは「歪曲《わいきょく》」や「工作」だった。

一連の取材成果は一九年一月から三月にかけ、東京新聞特報面の連載「背信の果て」で報じた。数多くの内部文書と関係者の証言を改めて整理し、より詳細に伝えるのが本書の目的だ。第一章では、政府の甲状腺被ばく測定の重大な欠陥を浮き彫りにする「一一歳の少女」の話を取り上げる。第二章以降では、一〇八〇人を調べるだけで測定を終えた内幕を明らかにする。

第一章　一〇〇ミリシーベルトの少女

埋もれてきた計算

二〇一八年一一月六日。和歌山港を出港した南海フェリーは、紀州水道を西に向かった。温暖なこの地域らしい好天に恵まれ、海も穏やかだった。船内の売店近くの椅子に座った。リュックから出したファイルの中身を読み返し、これから取材する内容を確かめた。

年明けから東京新聞の特報面で連載を担当することが内定していた。題材は東京電力福島第一原発事故。被災した人たちの甲状腺内部被ばくに焦点を当て、計八回にわたって紙面展開することを考えていた。

チェルノブイリ原発事故では甲状腺がんが多発した。原発から放出された放射性ヨウ素を体内に取り込み、甲状腺内部被ばくに見舞われたことが原因とされた。福島原発事故ではどんな状況が生じたのだろうか。行政側はどう対応したのだろうか。

そんな疑問から取材を始めたのが一三年の秋。特別報道部に着任してまもない時期だった。二年半ほどの勤務後、愛知県内に異動したが、その間も自費で取材を続けた。古巣復帰後の一八年一〇月、取材の成果を上司に伝えると連載を任せてくれることになった。

フェリーに乗ったのは、初回の取材のためだった。行き先は福島県、ではなく、徳島県だった。福島第一原発から七〇〇キロ離れていたが、目指すには明確な理由があった。

一連の取材を始めて以降、行政側の内部文書の入手に時間を費やしていた。政府や被災自治体が甲状腺内部被ばくの状況をどう捉え、どんな対応を検討していたかを知るためだった。文書を得るために用いたのが、情報公開制度だった。

「行政機関の保有する情報の公開に関する法律」（情報公開法）や同種の条例に基づき、行政側が保有する文書を入手できるのがこの制度だ。「〇〇が分かる文書」などと書いて開示請求書を提出すると、行政側は一定期間の間に文書を特定し、開示可能なら請求者にその文書の写しを交付する仕組みになっている。個人情報などの理由で開示できない部分は黒塗りされる。

情報開示請求を繰り返して入手した文書の中には、特に目を引く文書があった。文部科学省が所管する専門機関「放射線医学総合研究所」（放医研、千葉市稲毛区）が所有していた「朝の対策本部会議メモ」だった。二枚組の文書で、一一年五月二日に放医研であった対策本部会議の議事概要が記されていた。原発事故から二カ月近くたったころになる。

議事概要を見ると、二番目の議題として「②子供の被ばくについて（EOCメール　4／30　11：32）」とあり、こう記されていた。

「徳島大学チームが3／17か18に郡山市でスクリーニング。11歳女児、頸部5－7万cpm（GMで測定）」

「↓山田部長：取り込みが3日前として、甲状腺等価線量で100mSv程度」

スクリーニングとは、「ふるい分け」を意味する言葉だ。一般的には、避難した人たちの体に付いた放射能汚染を調べ、その程度が多い人をふるいにかける「体表面汚染測定」を指す。先の原発事故では福島県が主体になって行った。この測定に使う機器が、放射線の数を調べるGMサーベイメータ。計測値の単位は「cpm」、読み方は「シーピーエム」。一分間に捉えた放射線の数を表す。一方、等価線量は「臓器が受けた被ばくの程度がどれくらいか」を意味する。「mSv」は「ミリシーベルト」と読む。「シーベルト」は被ばくの程度を示す単位だ。

メモを読む限り、徳島大の関係者は事故発生からまもない三月半ば、福島県のスクリーニングの応援に駆けつけ、避難者の体に付いた汚染の程度を調べる作業に携わったようだ。

そんな中、会場に来た一人が一一歳の少女で、スクリーニング用のGMサーベイメータを使って頸部《けいぶ》、つまり甲状腺がある首の辺りを測ると、捕捉した放射線の数が相当な高値になったという。甲状腺から出る放射線の状況を調べ、甲状腺に集まる放射性ヨウ素の量、さらに内部

放医研の「朝の対策本部会議メモ」

朝の対策本部会議メモ
5月2日（月）午前9時—9時30分
出席者：吉井裕

議題
① 資料の配布と説明（取り立てて議題となったものは②以降に概説するので、それ以外）
・EOC Fax 情報より、「4/28 8:00 時点での官邸への支援チーム医療班状況報告」に、事故以降の被ばく患者措置情報、負傷者等情報、医療機関の被ばく患者受け入れ状況などの資料があり、本部に保管してあるので必要な方はどうぞ。
・「電話対応に関する問題への善処要請」from 村田理事、to EOC 医療班長。とくに、原子力安全・保安院が「100 mSv 以下の被ばくについては健康被害はないとされている」点について放医研の考えを聞き出そうと執拗に食い下がった件についての問題提起と抗議。
・公明党から首相あての提言（4/28）
■ 現行の三次被ばく医療機関による支援だけでは対応が困難であった。二次被ばく医療機関のうち、三次被ばく医療機関と同等の機能を持つ医療機関については、三次被ばく医療機関に速やかに昇格させ・・・（議題④に関係）
■ 最低限追加すべき機関：長崎大学、弘前大学、福井大学、京都大学、大阪大学
■ 原発作業員のフォロー体制及び健康モニタリングについては、JCO 事故と同等の体制を組むべきである。
■ ２０歳までの地域の子供を対象に、甲状腺がんのフォローアップをすべきである。

② 子供の被ばくについて（EOC メール 4/30 11:32）
・徳島大学チームが3/17か18に郡山市でスクリーニング。11 歳女児、頸部5-7万 cpm（GM で測定）
→山田部長：取り込みが３日前として、甲状腺等価線量で 100 mSv 程度
→米倉理事長：それなら影響は少ないでしょう
→山田部長：子どもということがあるので、もう少しきちんと計算してみる必要があるかも。

③ 放医研のこれまでの対応の一覧について（EOC メール 4/29 22:00）
・文部科学省における対応について（一覧がある）
→村田理事：放医研バージョンも作るべき。広報で担当してもらいたい。

て（EOC メール 4/30 11:32）
3/17 か 18 に郡山市でスクリーニング。11 歳女児、頸部
みが３日前として、甲状腺等価線量で 100 mSv 程度

※情報開示請求で入手。下線は加筆

被ばくの程度をつかむ「甲状腺被ばく測定」は通常、別の測定器を使い、スクリーニングとは別に行う。しかし何らかの事情で独自に手掛けたのだろう。

少女の測定結果はその後、放医研の会議で扱われ、甲状腺内部被ばくの程度がどれだけになるか、等価線量で報告されたようだ。そして、一連の経過が記録されたのが「朝の対策本部会議メモ」と言えそうだった。

メモの記述で注目すべきは、少女の甲状腺内部被ばくの状況、つまり「甲状腺等価線量で100mSv程度」だった。

詳しくは後述するが、「甲状腺等価線量で一○○ミリシーベルト」は特別な意味を持つ数字だった。甲状腺被ばく測定は事故後、政府が実

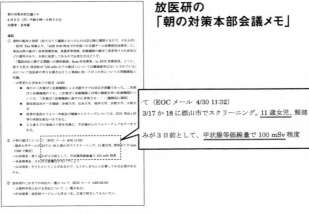

施しており、そこに達する人はいないと周知されてきた。しかし、政府とは別に測定が行われたようで、放医研の会議では「一一歳の少女が一〇〇ミリシーベルト程度」と報告されたという。公表も報道もされてこなかった話だ。

この計算結果が放医研の会議で扱われていた意味は重いと考えていた。

被ばくの恐れがある人への対応方針をまとめた内閣府原子力安全委員会の指針類「緊急被ばく医療のあり方について」によれば、放医研は「緊急被ばく医療体制の中心的機関」と位置づけられ、どれだけ被ばくがあったか専門的に評価することが求められていた。被ばく対応で重要な役割を担っていたのが放医研だった。

実際には何が起きていたのだろうか。「いないはずの人がいた」ということだろうか。

メモによれば、「一〇〇ミリシーベルト程度」は「徳島大学チーム」の情報を基に計算されたようだった。まず会いたいと考えたのはそのチームの面々だった。幸い、手掛かりはあった。

メモに書かれた議題を踏まえると、この会議では四月三〇日に送られた「ＥＯＣメール」を手掛かりに子どもの被ばくについて議論したのだろう。

放医研はこの「ＥＯＣメール」も保有しており、情報開示請求で入手できた。送信元は「文部科学省　ＥＯＣ医療班」と書かれており、各所に送信、転送されていた。文科省のウェブサイトなどを調べると、「EOC」は「Emergency Operation Center」の略称で、同省が原発対応の拠点とした「非常災害対策センター」のようだ。送信日時として、「2011年4月30日　土曜日　11：32」と記されていた。

肝心の本文には、「30日朝の会議で、徳島大学チーム（病院放射線部副部長：誉田栄一教授・アイソトープ総合センター：佐瀬卓也講師）より、子どもの被ばくについて、以下のようなご意見があった」とつづられ、詳細な発言内容も書かれていた。

まず話を聞こうと考えたのは誉田《ほんだ》栄一氏だった。数日前の電話で取材依頼を快諾してくれた。

特別な数字

「甲状腺等価線量で一〇〇ミリシーベルト」は特別な意味を持っていた。

東日本大震災の発生は二〇一一年三月一一日。翌一二日午後三時三六分、第一原発で水素爆発が起き、二〇キロ圏が避難区域となった。第一原発では一四日と一五日にも爆発があり、二〇～三〇キロ圏に屋内退避の指示が出た。放射能汚染は東北の他県や関東にも及んだ。

政府は三月二四日から三〇日にかけ、被災した人たちの甲状腺内部被ばくを測定した。全員が甲状腺等価線量で一〇〇ミリシーベルト相当の基準値を下回ったと発表された。

政府や福島県はこの測定結果を踏まえ、「被災した人たちの甲状腺内部被ばくは少ない」「甲状腺がんが増えるとは考えにくい」と周知してきた。

例を挙げる。

県の専門家会議「県民健康調査検討委員会」のうち、一三年一一月二七日の甲状腺検査評価部会では「甲状腺に関する基礎知識と甲状腺検査の概要」と題した資料が配布された。被災者向けの説明会で県側が何を伝えてきたかを記す文書だ。「チェルノブイリ原発事故での内部被ばく線量（100mSv以上で甲状腺がん発症）」とあるほか、政府の測定の結果を引用し、「チェルノブイリと比較して福島では放射性ヨウ素による被ばくは少ないと想定され、もしそうであれば甲状腺癌は増加するとは考えにくい」と記されていた。

内閣府の食品安全委員会もウェブサイトで同様の見解を示している。「食品中の放射性物質に関する情報」というページで掲載するPDF文書「放射性物質を含む食品による健康影響に関するQ&A」を見ると、「チェルノブイリ原発事故に関する多数の研究を見ても、統計的に有意に甲状腺がんの発症増加が認められているのは、甲状腺等価線量で100mSv以上」とつづっている。続いて政府の甲状腺被ばく測定に触れ、九九%が二〇ミリシーベルト相当以下、最も高い子どもでも五〇ミリシーベルト相当と伝えている。

環境省の「東京電力福島第一原子力発電所事故に伴う住民の健康管理のあり方に関する専門家会議」も、一四年末に作成した中間取りまとめで似た見解を示した。

政府の測定の結果は「事故初期の甲状腺被ばくレベルを知る上で重要な指標」と強調した上、「住民における甲状腺の被ばく線量は、チェルノブイリ事故後の線量よりも低い」などの理由を挙げ、これまでに見つかった甲状腺がんは「原発事故由来のものであることを積極的に示唆する根拠は現時点では認められない」と記した。

政府も福島県も特別な数字として考えてきたのが「甲状腺等価線量で一〇〇ミリシーベルト」だった。「甲状腺がんの発症リスクの増加が確認されているのは甲状腺等価線量で一〇〇ミリシーベルト以上」と線引きした上、「政府の甲状腺被ばく測定によれば一〇〇ミリシーベルトに達する人はいない」「被ばくによる健康被害は考えにくい」と伝えてきた。

私は、「特別な数字に達する人がいない」とは言い切れないと思っていた。「いない」と見立てる根拠になった政府の測定に欠陥があると考えていたからだ。

政府の測定で調べたのは一〇八〇人だけだった。放射能汚染は東北各県や関東にも及んだにもかかわらずだ。福島県民だけでおよそ二〇〇万人、このうちの一八歳以下でも四〇万人近くいた。チェルノブイリ原発事故で被災した三カ国では三〇万人以上が測定を受けている。

放射性ヨウ素は「半減期」が八日と短い。何度か半減期を迎えると消えてしまう。消えてしまえば甲状腺内部被ばくの状況は調べられない。事故からまもない時期しか調べることができないとも言える。それなのに政府はわずかしか測らなかった。

測定数が少ない場合、「漏れ」や「偏り」が懸念される。政府の測定では「甲状腺等価線量で一〇〇ミリシーベルトはいない」ということだったが、多く被ばくした人を測り漏らしていないと言えるのか。たまたま被ばくが少ない人ばかりを測ったのではないか。わずかな測定では、被ばくの全体像は分からないはずだ。特別な数字に達する人がいないとも言い切れないはずだ。

福島県は事故後、何年もかけて継続的に内部被ばくの測定を行っているが、これは半減期が長い放射性物質をどれだけ体内に取り込んだか、それによる全身の被ばくがどの程度になるかをつかむために実施している。甲状腺内部被ばくの測定とは別物だ。

政府がわずかしか測らなかった理由は何だったのか。本当に一〇〇ミリシーベルトに達した人はいないのか。そう考えて取材を進める中、入手したのが「朝の対策本部会議メモ」だった。

メモに書かれていた話は、特別な重みを持つはずだった。

この文書によれば、五月二日にあった放医研の対策本部会議では、徳島大学チームの情報を基に「一一歳の少女が甲状腺等価線量で一〇〇ミリシーベルト程度」と報告された。

政府の測定では一〇〇ミリシーベルトに達する人はいなかったが、別に測ってそこに達する人がいたら、政府は多く被ばくした人を測り漏らしたことになる。不十分な測定だったことが浮き彫りになる。


放医研では当時、衝撃が走ったはずだ。

普通の流れなら、事実関係の確認に動くだろう。政府に先駆け、本当に徳島大学チームが測っていたのか、少女が高値だったのかを調べるはずだ。実際にそうだったなら、まずはこの少女の体を心配するだろう。多く被ばくした結果、がんになるかもしれないと考え、少女を特定した上で健康状態を見守ろうとするはずだ。

当然ながら、「高値の測り漏らし」が他にあるかもしれないと意識するはずだ。測定から外れた人の中で一〇〇ミリシーベルトの人が一人でもいたら、そう考えるはずだ。半減期を踏まえてもまだ甲状腺被ばく測定が実施できるなら改めて行い、多くの人を調べようとするだろう。

ところが、放医研の会議で「一一歳の少女が一〇〇ミリシーベルト程度」と報告されたことも、その後に取られた対応も公表されてこなかった。これをどう捉えたらいいのか。

行政側は本来、甲状腺内部被ばくの恐れがある人をより多く測定する必要があった。被ばくの全体像をつかんだ上、補償などにつなげる役目を担っていた。多く被ばくした人を中心に健康状態を見守ることが求められた。被ばくのせいでがんになったと認められる人がいれば、医療費の肩代わりのほか、適切な診療が受けられる環境整備も考えなければならなかった。行政側がきちんと測定しておけば、被災した人たちが「望まない被ばくをした」「被ばくのせいでがんになった」と考え、必要な支援を求める際に「実際に被ばくした」と証拠を示すことができるはずだった。

しかし政府の甲状腺被ばく測定は、わずかしか調べなかった。その後、放医研の会議で深刻なケースがあるかもしれないと報告されたが、公表されなかったようだ。政府が測定をやり直したという話も伝わってこなかった。

行政側は被ばくの実態把握を怠ったのか。深刻な被ばくがあったのに、なかったことにしたのか。半減期の関係でもう、被ばくの状況はつかむことができない。大多数の人たちにすれば、自身の被ばくの程度がはっきりしない状況に置かれている。「自分や家族の体は大丈夫なのか」と不安を抱き続ける人がいるかもしれない。被ばくを受けたと主張しようにもその証拠がなく、沈黙を強いられているかもしれない。

実際は何が起きていたのか。世に問わなければならない問題があったのか。まず必要だったのは、事実関係を確認する作業だった。

徳島大学

和歌山港から乗ったフェリーは二時間ほどで徳島港に入港した。タクシーとJRを乗り継ぐこと四〇分。無人駅の蔵本《くらもと》駅から少し歩き、徳島大病院内の研究室で誉田氏に会った。

誉田氏は事故時も取材時も徳島大病院放射線部の副部長で、専門は歯科。放射線を使って口の中のがんを治療してきたほか、放射線による画像診断を手がけてきた。

放医研の「朝の対策本部会議メモ」や文科省の「EOCメール」の中身を確認する前に、徳島大と福島原発事故の関係について尋ねた。誉田氏は当時のことをよく覚えていた。

徳島大は二〇一一年四月以降、福島県内で行われていたスクリーニングを手伝うため、現地に誉田氏と佐瀬《さぜ》卓也氏を派遣したという。福島原発事故では膨大な避難者が出た結果、スクリーニングを進める上で人手不足が生じた。そのため、各地の大学が専門家を福島に派遣した。誉田氏と佐瀬氏の「徳島大学チーム」も、そうした応援部隊の一つだった。

　誉田氏はこう振り返った。

「大学病院では歯科担当の副病院長から『先生が対応してください』と依頼されました。僕は病院内の放射線取扱主任者だったので、頼まれたんだと思います。一緒に行く人は僕に任せるということだったので、佐瀬先生に声をかけました。先生は福島出身で、以前から親しくしていましたから。福島で活動を始めたのは四月からでしたね。活動日は一回目が七日から一二日までの六日間。二回目が二七日から三〇日までの四日間。合計で一〇日間になりますね」

　入手した文書の中で誉田氏が登場したのは、文科省から送信された「ＥＯＣメール」だった。先に引用した箇所に続いて次のように記されている。

「【詳細】３月17か18日に郡山市総合体育館のスクリーニング会場において『水素爆発の際に双葉町の屋外で遊んでいた』と言う[redacted]（註：黒塗り部分。以下も同様）に対して、頸部（甲状腺部分）をＧＭで測定した。その結果、５～７万ｃｐｍであり、被ばく量を推定したところ十数キロベクレル相当の高値であった。この事例から、爆発時に屋外にいた多数の子どもが同じよ

徳島大の２人の発言を記録したEOCメール

30 日朝の会議で、徳島大学チーム（病院放射線部副部長：誉田栄一教授・アイソトープ総合センター：佐瀬卓也講師）より、子どもの被ばくについて、以下のようなご意見があった。

【詳細】３月 17 か 18 日に郡山市総合体育館のスクリーニング会場において「水素爆発の際に双葉町の屋外で遊んでいた」と言う[redacted]に対して、頸部（甲状腺部分）をＧＭで測定した。その結果、５～７万 cpm であり、被ばく量を推定したところ十数キロベクレル相当の高値であった。この事例から、爆発時に屋外にいた多数の子どもが同じような影響を受けており、相当量を吸入しているのではないかと懸念される。現在、子どもの甲状腺被ばく調査は有意な結果ではなかったという論調になっているが、それは危険なことだと 思っている。今後、子どものフォロー（定期検診）について、自治体や国に考えて頂きたい。なお、事例（[redacted]）の詳細については、会津若松（保健福祉事務所）からサポートに来ていた[redacted]が知っている。

※情報開示請求で入手

うな影響を受けており、相当量を吸入しているのではないかと懸念される。現在、子どもの甲状腺被ばく調査は有意な結果ではなかったという論調になっているが、それは危険なことだと思っている。今後、子どものフォロー（定期検診）について、自治体や国に考えて頂きたい。なお、事例（■）の詳細については、会津若松（保健福祉事務所）からサポートに来ていた■が知っている」

　気になったのは「三月半ばに少女を測ったのは誰か」という点だった。「一〇〇ミリシーベルト」という計算の根本にも関わる部分だった。

　誉田氏の言葉に従えば、徳島大の二人はまだ福島入りしていない時期だ。しかし放医研のメモには「徳島大学チームがスクリーニング」と書いてあった。一方、EOCメールには、詳細を知るのは保健福祉事務所の関係者と記されていた。

誉田氏によれば、最初に福島で活動したのは二〇一一年四月で、具体的な期間は「七～一二日と二七～三〇日」だった。となると、EOCメールにある「三〇日朝の会議」に徳島大の二人が出たのは事実だろうと考え、「四月三〇日の朝の会議は覚えていますか」と水を向けた。誉田氏は「自治会館のミーティングですね」と答えた。

福島県自治会館は福島市中心部にある県庁の西隣にあり、県災害対策本部も入っていた。誉田氏によると、県自治会館では毎日朝と夜、スクリーニングの応援部隊のミーティングが開かれた。朝はどの部隊がどの測定会場に行くか指示が出され、夜は測定結果を報告し合った。県の担当者のほか、政府側から文科省や放医研の職員も参加し、総勢三〇～四〇人になった。

自治会館の会議で子どもの被ばくについて発言したのか確認すると、「はい。佐瀬先生と二人で」と答え、「会津の放射線技師の方が測った結果を伝えましたね」と続けた。

「一一歳の少女」と直接会い、測定や会話をしたのは徳島大の二人ではなく、「会津保健福祉事務所の放射線技師の男性」ということだった。放医研のメモとは違っていたが、EOCメールの「詳細については、会津若松（保健福祉事務所）からサポートに来ていた[redacted]が知っている」とは符合した話だった。

徳島大の報告書や誉田氏によると、徳島大の二人は四月二七日、福島県会津保健福祉事務所（会津若松市）へ行っていた。スクリーニングの会場となっており、そこでの測定に携わった。一緒に作業したのが、放射線技師の男性だったという。

メモやメールの中身も踏まえると、ここまでの事実関係としては次のように言えそうだった。「徳島大の二人は四月二七日にスクリーニングの応援で県会津保健福祉事務所を訪れた際、この事務所の放射線技師から少女の測定結果を聞いた。三〇日朝には福島市の県自治会館でスクリーニングのミーティングがあり、技師から聞いた話を伝えた。この内容は同日正午前に送信されたEOCメールを通じて放医研に伝わり、五月二日に放医研であった対策本部会議ではそれを基に『一一歳の少女が甲状腺等価線量で一〇〇ミリシーベルト程度』と報告された」

大まかな流れは見立てることができた。そもそもの始まりは、「放射線技師による測定」のようだった。徳島大の二人は技師から何を聞いたのか。誉田氏だけではなく、国の研究機関「核融合科学研究所」（岐阜県土岐《とき》市）の准教授になっていた佐瀬氏にも別の日に取材できた。二人の言葉から詳細をひもといていく。

始まりは「大丈夫な値か」

徳島大から派遣された二人が福島県会津保健福祉事務所を訪れたのは四月二七日。事故から一カ月半ほどたっていた。誉田氏によると、スクリーニングを受ける人の数はピーク時と比べれば減っており、少し余裕が持てる時間帯もあった。

作業の合間を見て立ち話をしたのが、一緒に作業をしていた年配の放射線技師の男性だった。徳島大の二人は氏名を覚えていなかったが、首から提げた身分証には「会津保健福祉事務所」とあり、自ら「放射線技師」と明かしたことは記憶に残っていた。

佐瀬氏は「こちらから『何か気になること、今までにありましたか』と質問したら、『前にスクリーニングで女の子を測った時、思いの外、高い値が出た』という話をされた」と語る。誉田氏は「技師の方は『子どもを測ったんですけど、大丈夫な値ですか』と尋ねてきた。三〇分近く話したでしょうかね」と振り返る。

徳島大の二人によると、その技師は原発事故の直後、郡山市の総合体育館でスクリーニングに携わった。会津保健福祉事務所は第一原発から西に一〇〇キロ離れている一方、郡山市の総合体育館は同じ方角ながら六〇キロの距離にある。佐瀬氏は「技師の方は郡山で測る人たちを支援するために派遣されたという話だった」と語る。

技師の役割は、体の表面に付いた汚染の度合いを測り、汚染を除去する「除染」などが必要な人をふるい分けることだった。使った測定器はGMサーベイメータ。この測定で一般的に用いられる機器だ。頭や肩、手、衣服などにかざし、放射線の数を調べることで、それらの表面に付いた汚染の程度を見積もるという考え方に基づいていた。

佐瀬氏は、技師から聞いた話について「避難して来た女の子の髪を測るとすごい値だったと。一〇万cpm近くだったとおっしゃった」と振り返る。ふるい分けの基準値は本来、一万三〇〇〇cpmだったが、事故発生からまもなく一〇万cpmに引き上げられており、そこに迫る値が計測されていたことになる。

技師の話はそこで終わらなかったという。佐瀬氏は「技師の方は『髪だけか』『おかしいな』と思って、甲状腺があるのどにもGMサーベイメータを当てたらそこも値が高くて、五万cpmから七万cpmになったということだった」と語る。

のどに測定器を当てる作業は、体内の甲状腺から発せられる放射線の状況を調べ、内部被ばくの程度をつかむ甲状腺被ばく測定に相当し、体の表面に付いた汚染の程度を調べるスクリーニングの範疇《はんちゅう》を超えていたが、技師は行ったようだ。

ただ、用いた測定器は通常と違った。甲状腺内部被ばくの程度をつかむには、放射線の中でも体内から体外へすり抜ける「ガンマ線」を捉える必要があるため、通常はガンマ線をよく捕捉する測定器「NaIサーベイメータ」をのどに当てる。政府の甲状腺被ばく測定もそれを用いた。しかし、郡山の測定会場にはNaIサーベイメータがなかったため、技師はGMサーベイメータで代用したという。GMサーベイメータは体内からのガンマ線のほか、体に付く汚染から発せられる他の放射線も捕捉するため、内部被ばくの測定には本来不向きだが、「のどの辺りの汚れはウェットティッシュでふき取り、それから測ったと聞きました」（佐瀬氏）。

徳島大の二人から「その子はどんな子ですか」と尋ねられた技師は「双葉町《ふたばまち》の子です」と答えたという。双葉町は第一原発の立地町だ。技師は少女とのやりとりを次のように語ったようだ。「『これまで何してたの』って女の子に話しかけると、『外で遊んでいたら、お母さんが迎えに来て、家には戻らないで、バスに乗ってきた』と。『他に外で遊んでいた子はいたの』と聞いたら『みんなで外で遊んでいた』と返ってきた」（誉田氏）。技師は少女の年齢を聞いていた。一一歳だったという。

誉田氏と佐瀬氏は「技師が少女をどう測ったか」「結果がどうだったか」「測った後のやりとりがどうだったか」について具体的に話してくれた。「朝の対策本部会議メモ」やEOCメールが触れた少女の話とも整合していた。二つの文書には「11歳女児、頸部5-7万cpm（GM で測定）」「水素爆発の際に双葉町の屋外で遊んでいた」などと書かれていた。

徳島大の二人は、技師が少女を測った日も確認していた。第一原発で最初に水素爆発があった三月一二日から二、三日後、つまり三月一四日か一五日だったということだった。放医研の「朝の対策本部会議メモ」やEOCメールの「三月一七か一八日」とは異なっていた。

誉田氏は「原発がおかしくなったころ、双葉町で他の子と遊んでいた一一歳の女の子がバスに乗せられ、郡山の方へ避難してきたということでしょう。その数日後、スクリーニング会場で技師が甲状腺を測ったら高い値が出た、ということです。ただ本来とは違うやり方なんで、記録は残していないと言っていましたね。書く欄もないわけですし」と話す。

「内部被ばくの公算大」

徳島大の二人は「五万〜七万cpm」という少女の計測値が大丈夫な値かどうか判断するため、独自に計算をした。被ばくの程度を見立てる「線量評価」が専門の佐瀬氏からすれば、当然だった。佐瀬氏が学生時代に師事したのは、日本放射線安全管理学会の会長を務めた名古屋大教授の西沢邦秀氏。技師と会った会津若松市は自身の出身地だった。

甲状腺内部被ばくの程度を導くには、三つのステップを踏む必要がある。まずはのどに測定器を当て、甲状腺の放射性ヨウ素が出す放射線の状況を調べる。次はその放射線の状況から、甲状腺の放射性ヨウ素の量を計算する。最後はその放射性ヨウ素の量から、甲状腺がどれだけ内部被ばくを受けるか、等価線量で導く。

技師の測定は最初のステップに相当する。通常は政府の甲状腺被ばく測定のようにＮａＩサーベイメータを用いるところ、技師はＧＭサーベイメータで代用したようだ。それだと二番目のステップに進めない、ということでもない。佐瀬氏は人形を使った実験で経験済みだったからだ。具体的に言えば、人間の皮膚の厚みなどを模した人形を用意した上、のどの内側に放射性ヨウ素が入る容器を入れ、のどの外からＧＭサーベイメータで測る実験のことで、この経験から「のどの甲状腺にどれくらいの量の放射性ヨウ素があると、ＧＭサーベイメータの値がどれくらいになるか」という数字上の相関関係を把握していた。

佐瀬氏は「のどに測定器を当て、甲状腺から出る放射線の状況をつかむ」という最初のステップに関しては技師の測定結果を用い、「放射線の状況から甲状腺の放射性ヨウ素の量を計算する」という次のステップは、自身の経験に基づいて行うことにした。

測定を受けた少女の一一歳という年齢などを加味した結果、佐瀬氏は「五万〜七万ｃｐｍ」というＧＭサーベイメータの測定値から、「甲状腺にある放射性ヨウ素の量は十数キロベクレル」と導いた。「ベクレル」は放射能の量を示す単位だ。少なくとも「甲状腺に一定量の放射性ヨウ素がある」「甲状腺内部被ばくはゼロではない」と判断した。

計算結果は四月三〇日のミーティングで伝えた。佐瀬氏は「少なからず内部被ばくとして認識できるものがあったかもしれないので、事例報告しました」と述べ、「第一原発に近いところから避難した子どもたちは甲状腺内部被ばくの可能性があるので、ＧＭサーベイメータでいいから当ててみてくださいと注意喚起もしました」と明かした。

徳島大の二人は、二番目のステップとして「甲状腺にある放射性ヨウ素の量は十数キロベクレル」「甲状腺内部被ばくはゼロではない」と導き、ミーティングで伝えた上、子どもの被ばくに関して注意も呼びかけた、ということになりそうだ。

こうした発言が記されていたのが、四月三〇日のＥＯＣメールだった。このメールは、放医研の「朝の対策本部会議メモ」で引用されていた。会議の開催日は五月二日で、徳島大が寄せた情報を基に「一一歳の少女が甲状腺等価線量で一〇〇ミリシーベルト程度」と導いたことが記されていた。「甲状腺の放射性ヨウ素の量から甲状腺内部被ばくの等価線量を導く」というう最後のステップは、放医研が五月二日に行ったように読み取れる。実際に放医研は計算していたのだろうか。

放医研の反応は鈍く

「朝の対策本部会議メモ」には「11歳女児、頸部5－7万cpm（GMで測定）」、続いて「山田部長：取り込みが3日前として、甲状腺等価線量で100mSv程度」とある。この記述から「山田部長」が「一〇〇ミリシーベルト程度」について何か知っていると考えられた。まずは「山田部長」を割り出すことにした。

放医研のウェブサイトでは、活動実績をまとめた年報が公開されていた。二〇〇九年度の分までは巻末に「役員・役職職員名簿」があり、「山田」という「部長」は、被ばく線量評価部長の山田裕司氏のみが該当した。財団法人「文教協会」が発行する「文部科学省　国立大学法人等職員録」の一〇年版と一一年版を見ると、放医研幹部の氏名が載っており、「山田部長」

と言えるのは被ばく線量評価部長の山田裕司氏だけだった。

放医研の広報を通じて山田裕司氏に取材を依頼した。既に定年退職の年齢を迎えていたが、人材育成センターの客員研究員として在籍しており、千葉市にある放医研で会うことになった。あらかじめ「朝の対策本部会議メモ」も見ておいてもらった。

山田氏は「朝の対策本部会議」自体は覚えていた。

「原発事故が起きてから基本的には平日に毎日開かれていました。情報を共有して、問題点を洗い出して、放医研として議論するという目的で。朝一番、午前九時ぐらいからスタートしていました」

この会議には理事長をはじめ幹部が出席した。山田氏は当時、被ばく線量評価部長だったこと、自身も会議に出ていたことを認めた。

「会議の部屋には、新しく送られてきた文書やファックスなどが置かれていて、その中から問題となるものを意見交換する形を取っていました」

山田氏の説明を踏まえると、五月二日にあった放医研の対策本部会議では、徳島大の二人が寄せた情報が紙ベースで共有され、具体的に議論されたようだ。

「朝の対策本部会議メモ」には「山田部長：取り込みが3日前として、甲状腺等価線量で100mSv程度」と書かれていた。山田氏に「メモの『部長』は山田さんのことですか」と尋ねると、「そうです、そうです。私のことです」と答えた。

しかし「100mSv程度」という記述について尋ねると、山田氏は「これは覚えていないですね」と述べた。

「確かにこの手の計算はよくやっていました。手元のコンピュータや何かで、一〇分やなんかで結果が出ますし。条件を入力すれば、その場で値が出る。放射性物質を体の中に取り込んだのが三日前とか、体内にある放射能の量が十数キロベクレルとか」

放医研が開発した内部被ばく用のソフトウェアがあるのだという。

「どのくらいのレベルに相当するのかということの試算は多分、私がしたと思います。ただ徳島大学の件は、今回言われるまで私の記憶にはなくて」

それでも、山田氏は取材依頼を受けた後、「甲状腺に放射性ヨウ素が十数キロベクレル」などの条件に基づき、甲状腺内部被ばくの等価線量を計算してくれていた。「十数キロベクレル」は、徳島大の二人が一一歳の少女のケースとして伝えた値だ。

「『十数キロベクレル』は一二キロベクレルかもしれないし、一五キロベクレルかもしれない。

二〇キロベクレルとしておけば、それを超えることはないだろうと思い、二〇キロベクレルで計算したら、だいたい一〇〇ミリシーベルトになりました」

五月二日にあった放医研の会議で「一一歳の少女が一〇〇ミリシーベルト程度」と報告されたら、衝撃が広がると思っていた。本章の「特別な数字」で扱った通り、「『被ばくでがんになるかもしれない人』が実はいた」と示唆するほか、わずかしか調べなかった政府の甲状腺被ばく測定の欠陥、特に「高値の測り漏らし」を浮き彫りにさせるからだ。

山田氏には「何か対応を取った記憶はありませんか」と投げかけた。回答はあっさりしていた。

「私が何か動いて、ということはなかったと思います。新たに情報を求めたこともなかったと思います」

納得できず、「一〇〇という数字が出てもインパクトはないんですか」と食い下がったが、山田氏は「そもそもの測定法に疑問があるんです」と述べた。

「甲状腺等価線量で一〇〇ミリシーベルト程度」を導く上でベースになったのは、「ＧＭサーベイメータで甲状腺を測って五万〜七万ｃｐｍ」という結果だった。先に触れた通り、甲状腺から出る放射線を調べるには通常、NaIサーベイメータを使う。体内から出るガンマ線を捉えやすいからだ。かたやGMサーベイメータは他の放射線もよく捕捉する。山田氏はこの点に触れ、「五万～七万cpm」という測定結果は「そもそも土台が違う」と精度面の問題を指摘した上、「私がそんなようなことをその場で言ったかもしれません」と述べた。

しかし会議のメモを見ると、精度に関する指摘は書かれていなかった。「甲状腺等価線量で100mSv程度」の後に続く記述は「理事長：それなら影響は少ないでしょう」だった。

理事長の米倉義晴氏が幕引きを図ったように読み取れる。山田氏にこの記述を示すと「理事長がどのようにお考えになって発言したか、全ての発言を確認したわけではないので、分かりません」と断りながら、「理事長御自身の発言が『これで終わりでしょう』という趣旨であれば、それ以上は私も勝手にということにはいかない」と述べた。

放医研にも一〇〇ミリシーベルト程度と計算した後の対応について見解を求めると、「会議の場で簡易的に算出したものと認識している。公表は行っていない」「（算出の経緯は）会議の一場面なので、現在となっては会議に出席した者でも覚えている職員はほとんどいないのではないか」と回答があった。記憶や記録に残るほどの特別な対応は取らなかったようだった。

「数字間違い」

事実関係を確認する上で、まだやらなければいけないことが残っていた。福島県会津保健福祉事務所にいた放射線技師の取材だった。放医研が「一一歳の少女が一〇〇ミリシーベルト程度」と導く上でベースにしたのが、GMサーベイメータで少女を測った結果だった。この値は徳島大の二人が会津の技師から聞いたという。計算の発端は技師の測定ということになる。

誉田氏と佐瀬氏によれば、「会津の技師は二〇一一年三月一四日か一五日に郡山市で少女の測定を担当した」「GMサーベイメータで甲状腺を測ると五万~七万cpmだった」「四月二七日に会津保健福祉事務所で技師が徳島大の二人と会うと『大丈夫な値か』と尋ねてきた」という話だった。実際にそうだったか、技師に確認したかった。

徳島大の二人は技師の氏名を覚えていなかったが、「五〇代ぐらいの男性」「福島県会津保健福祉事務所にいた」「放射線技師」「一一年三月一四日か一五日に郡山でスクリーニングに従事」ということだった。

技師を特定する上で手掛かりにしたのは、福島県が毎年発行している職員録だった。県議会図書館（福島市）にあることが分かったので、足を運んでみた。手に取ったのは福島原発事故が起きた年度の分。一〇年五月に発行された職員録だ。会津保健福祉事務所には「主任放射線技師」という肩書きの職員が一人いた。医療薬事課の井上弘氏だった。取材時の最新版だった一八年度版を見ると、相双保健福祉事務所（南相馬市）に移っていた。

井上氏に接触する前に当時の同行者に話を聞き、事実関係を詰めておくことにした。

再び一〇年度版の職員録を開いた。会津保健福祉事務所の医療薬事課の職員をノートに書き写し、一八年度版で現在の所属を確認した上、電話で一人一人、連絡を取った。すると「事故直後に会津から郡山へ行った」という男性職員が見つかった。味戸《あじと》一宏氏だった。県薬務課に移っており、県庁内で話を聞かせてもらえることになった。

「一一年の三月一三日からですかね、郡山は。上司から『郡山市の総合体育館でスクリーニング会場を開設するから行ってくれ』と言われまして。一三日、一四日、一五日の三日間です。四人で行きました」

その四人は味戸氏と大竹香織氏、我妻拓弥氏、そして井上弘氏だった。

「井上さんは放射線技師で、二年くらい前が定年でしたね」

徳島大の二人の話と一致する。定年後に再任用されているということか。

大竹氏と我妻氏には電話で話を聞くことができた。

事故直後に会津保健福祉事務所から郡山市の総合体育館へ行ったのはやはり四人の職員で、期間は三月一三日から三日間だった。

大竹氏は「郡山は地震の影響もあって、郡山の職員はその対応が必要でした。人手の手配が難しいということで、会津から行くことになりました。測定器はＧＭサーベイメータだけでしたね。記録も何もないです。測る作業をこなすだけでした」と振り返った。

「探している放射線技師が井上弘氏」と言える情報は他にも入手できた。

先に触れた通り、ＥＯＣメールには、徳島大の二人の発言内容が記されており、最後に「詳細については、会津若松（保健福祉事務所）からサポートに来ていた[redacted]が知っている」と書いてあった。

この黒塗り部分が井上弘氏なら、県の職員録で氏名が公にされている。黒塗りにした放医研の判断は誤りなのではないか。放医研側にその点を指摘すると、メールで返答があった。

「黒塗りの方は、会津保健福祉事務所に在籍されていた【井上弘】氏です」

しかしこのころ、井上弘氏の取材は断念せざるを得なかった。在籍していた相双保健福祉事務所に電話を入れると、「井上さんは数カ月、療養が必要な状態で、入院しています」「復職できるかどうか分からない」と教えられた。

連載の開始は年明けと決まっていた。やむなく井上氏の取材を見送ったまま、東京新聞の一九年一月二一日付朝刊一面で「放医研の会議で『一一歳の少女が甲状腺等価線量で一〇〇ミリシーベルト程度』と報告されていた」と伝え、同日付の特報面で連載をスタートさせた。

計八回の連載は一九年三月に終わった。少し落ち着いた一一月、井上氏に改めて接触を試みた。一九年度の福島県の職員録を見ると、いわき市にある相双保健福祉事務所いわき出張所に移っていた。取材の約束を取り付けるために電話をかけ、「井上弘さんをお願いします」と話すと、応対した男性は「少しお待ちください」と答えた。

井上氏は復職していた。しかし、電話に出た本人の反応は固かった。

こちらから「事故の直後、三月一三日から一五日まで郡山の総合体育館でスクリーニングをやっていましたよね」と尋ねると「はい」と認めたものの、「この時、GMサーベイメータで女の子を測って、五万cpmから七万cpmぐらいの値が出たという話を聞いたのですが」と投げかけると「個人での回答は控えます。県庁を通してください」と短く答えた。

「一一歳の少女が一〇〇ミリシーベルト程度」の報道があった後、井上氏は県の担当者から問い合わせを受け、当時の状況を説明したという。だから「県に聞いてほしい」と言いたいようだったが、もう少しだけ通話を続けさせてもらった。

「GMサーベイメータで子どもさんの甲状腺を測ったのはなぜだったんでしょうか」と尋ねると、井上氏は「この人だけじゃないから」と述べた。

反応があったと思い、改めて「なぜだったんですかね」と投げかけてみた。井上氏は「初めて事故が起きた部分でもあるから。どこが汚染されているか分からないから。たまたま、のどもスクリーニングした。子どもに関してはいろいろあるから。全部スクリーニングしたということです」と語った。

もう一度、「五万から七万という子がいたんですか」と尋ねてみた。今度は「そんな数字ではない。全然ない。全然問題ない数字だった」と明確に否定する言葉が返ってきた。

徳島大の二人とはお会いしているんですよね、という質問には「たまたま会った時に話をした。会津の保健福祉事務所で」と述べたが、二人と話を始めた経緯を尋ねると「忘れましたね」と述べた。徳島大の二人が言うには、「『気になることがありましたか』と尋ねたら、技師の方から『スクリーニングで五万から七万という値が出た』『大丈夫な値ですか』と質問を受けた」ということだった。井上氏にはそうした取材結果も伝えたが、「私の数字はそうじゃない。数字間違いじゃないですか」と述べた。

具体的にどんな値だったのか改めて聞くと「堂々巡りになるだけだから、終わりにさせていただきます」と通話は打ち切られた。

少女の測定結果については、徳島大の二人と井上氏の話が食い違った。

井上氏は「全然問題ない数字だった」と語った。実際にそうなら、なぜ「全然問題ない数字」を徳島大の二人に伝えたのか。徳島大の二人が言うには、井上氏が「大丈夫な値ですか」と尋ねてきたため、詳しく話を聞き、独自に計算し、県自治会館のミーティングで「子どもの被ばくについて気をつけてほしい」と訴えたということだった。

徳島大の二人の「聞き違い」だったのか。「聞き違い」の一言で、「一〇〇ミリシーベルトの少女はいない」と片付けていいのだろうか。

電話口の井上氏は、県の担当者から聞き取りを受けたと話していた。そのやりとりを記録した文書は、県に対する情報開示請求で入手することができた。

電話による聞き取りは二度行われていた。一回目は東京新聞の報道から二日後の一月二三日だった。二回目は二月五日で、県議会二月定例会を前に再確認を行う趣旨だった。

情報開示請求で入手した文書を見ると、井上氏の言葉として「線量の高い女児がいた。後で思うとさかんに咳をしていたので、その分吸い込みが多かったのかなと思った。それで首周りを測ったのかもしれない。測定値は『17，000cpm程度』。5万とか7万とかといった値ではなく1万7千とかである」とあった。さらに「記録する用紙などは何もなかった」「測った1時間後ぐらいに親と一緒にいるところを見かけたので、親に『大きな病院でちゃんと調べてもらったほうがいいですよ』と話した」「親とは父親で、女児の他に妹が一緒にいた」とも書かれていた。

「懸念が現実に」のはずが

徳島大の二人と井上氏の間で証言の食い違いがあった。ただ、「人によって話が違う」という状況はいつでも起こり得ると受け止めていた。

それよりも引っかかったのが、放医研の対応だった。五月二日の対策本部会議では、徳島大の二人が寄せた情報を基に「一一歳の少女が甲状腺等価線量で一〇〇ミリシーベルト程度」と報告された。しかし、特別な対応は取られなかったようだった。

「甲状腺等価線量で一〇〇ミリシーベルト」はそんな軽い数字だったのか。

政府や県の見方に従えば、一〇〇ミリシーベルトに達する少女がいれば、「被ばくのせいでがんになるかもしれない少女がいた」ことになる。

政府の測定ではそこに達する人はいないはずだった。別に測って「いた」となれば、政府は測り漏らしたことになる。政府の測定の不十分さを示唆するのが「一一歳の少女が一〇〇ミリシーベルト程度」という情報だった。

だとすれば、放医研の会議で「一〇〇ミリシーベルト程度」と報告があった後、本当にそうなのか確認に動くのではないか。

そもそも「一〇〇ミリシーベルト程度」という計算結果は、徳島大の二人の情報を基にしていた。二人が寄せた情報は井上氏から聞いた話を基にしていた。つまり、「一〇〇ミリシーベルト程度」は「又聞き」「伝聞情報」を基に導かれたことになる。「又聞き」「伝聞」を挟むと、途中で微妙に話が変わることがある。うのみにすることはできない。だからこそ、徳島大の二人と井上氏に直接、話を聞こうとするべきではないか。

少女の甲状腺を測る際に使われたのは、GMサーベイメータだった。体内から出る放射線を調べるには通常、NaIサーベイメータを用いる。しかし混乱の中でその測定器がなく、GMサーベイメータで代用したということだった。聞き取りを進めた上でそうした事情が把握できれば、少女を特定した上、NaIサーベイメータで測り直そうと考えるのではないか。

半減期を考えると、体内に取り込んだ放射性ヨウ素は既に消えていたかもしれない。それでも、できる限りの手を尽くそうと考えるのが普通の感覚ではないだろうか。

「一一歳の少女が一〇〇ミリシーベルト程度」が信頼できる情報と判断すれば、「被ばくでがんになるかもしれない少女がいた」と考え、その少女の健康状況を見守りつつ、高値を測り漏らした政府の測定の欠陥に向き合い、どう対処すべきか議論するのではないか。

放医研の不自然な対応は他にもあった。

放医研の計算の基になったのは四月三〇日のEOCメールで、そこに記されていたのは、双葉町から避難した子どもの測定結果だった。つまり「一〇〇ミリシーベルト程度」は「双葉町の子どもについて」ということになる。放医研にとって、これは衝撃的だったはずだ。「事故直後の懸念が現実になったかもしれない」という事態を意味していたからだ。

放医研に対する情報開示請求では、事故直後の一一年三月に放医研が取得、作成した文書も多く得ており、その中には「放医研の派遣の考え方」と題した一枚の文書もあった。文責は「放医研対策本部」、日時は「3月13日　8：34AM」と書いてある。

第一原発で最初の水素爆発が起きたのが三月一二日。翌一三日の朝に放医研の対策本部が作

2011年3月13日の「放医研の派遣の考え方」

EOC 医、ツルダ様 ← NIRS 松永 3/13 8:40 F20

放医研の派遣の考え方

参考情報

放医研対策本部　3月13日　8:34AM

1．サーベイの考え方

① ハイリスク群とローリスク群へのサーベイ等の対応を分けて考える
(ア) ハイリスク群（双葉地区住民、作業者、自衛隊、警察、消防等）については詳細なサーベイと必用に応じた除染作業が必要
(イ) ローリスク群に対しては住民対応の“安心の醸成”一環としてサーベイを実施する程度で良い。パニック対策としての意味はあるが、長期的対応が要求される。

② ハイリスク群対応には専門医師等の専門家が対応しなければならない。

③ ローリスク群については、地震被災者の多い現状から見て、医学的対応は不要な作業であり、医師等の専門家の投入は総合的に得策ではない。

※情報開示請求で入手

成したようだ。被ばくの恐れがある人にどんな対応が必要なのか、放医研がどういう役割を担うべきかが記されており、「ハイリスク群とローリスク群へのサーベイ等の対応を分けて考える」に続き、「ハイリスク群（双葉地区住民、作業者、自衛隊、警察、消防等）」と書かれていた。つまり、放医研は三月一三日の段階で「双葉地区の住民はリスクが高い」と見立てていたと言える。

「双葉地区住民はハイリスク群」という判断はある意味、妥当でもあった。

一二年一月一二日にあった原子力安全委員会の被ばく医療分科会では、事故直後の

放射性ヨウ素の拡散試算図が示された。風向きや地形などを踏まえ、放射性物質がどの方向へ広がったかを見立てており、最初に爆発があった時間帯の一一年三月一二日午後三～四時は第一原発の西方向、同日午後四～六時は北西方向や北方向という結果になっていた。

当時、風下には住民が残っていたという。第一原発が立地する双葉町の町長だった井戸川克隆《いどがわかつたか》氏が避難先の埼玉県内で取材に応じ、そう教えてくれた。

最初に爆発があったころ、第一原発の一〇キロ圏に避難指示が出ていたが、井戸川氏は原発から北西に三キロ離れた町役場周辺に残り、まだ避難誘導をしていた。町役場の徒歩圏内に双葉厚生病院や特別養護老人ホーム「せんだん」、町社会福祉協議会が入る「ヘルスケアーふたば」があり、到着したバスに乗るよう入所者や職員らを促していた。

「残っていたのは三〇〇人くらい。入所者は高齢者だけど、職員は若い。二〇代もいた」

町が一七年に発行した「双葉町東日本大震災記録誌　後世に伝える 震災・原発事故」にも当時の状況が記されている。双葉厚生病院に関する記述では、三月一二日の午後二時ごろには「病院内には職員56人と重症や寝たきりの患者40人が残っていた」と書かれていた。

井戸川氏によると、他にも住民が残されていた。町役場近くには新山公民館があり、そこへ避難した住民たちが近くの双葉高校に移った上で救助のヘリコプターに乗ろうとしていたという。さらに「上羽鳥《かみはとり》には、多くの人びとが残っていたっていう話を聞いた。子どもも妊婦もいたって」。双葉町上羽鳥地区は第一原発から北西へ六キロほどにある。

爆発の後、「双葉町民の逃げ遅れ」がどの程度、各所で認識されていたかは詳しい検証が必要になる。ただ少なくとも「放医研の派遣の考え方」によれば、放医研は三月一三日の段階で「双葉地区の住民はハイリスク群」と見立てていた。そして、五月二日には「双葉町の少女が甲状腺等価線量で一〇〇ミリシーベルト程度」と導いていた。

「事故直後の懸念が現実になったかもしれない」となれば放医研は大いに慌てたのではないか。しかし特別な対応を取った痕跡は見当たらない。あまりに不自然ではないか。

「握りつぶされた」

徳島大の誉田氏によると、不自然な対応は四月三〇日の朝に福島市の県自治会館であったミーティングでもみられた。

徳島大の二人は「一〇〇ミリシーベルトになるかどうか」という計算も行っており、ミーティングではその結果を伝えたという。誉田氏はこう振り返る。

「私たちが計算したら明らかに一〇〇ミリシーベルトに達していました。二〇〇とか三〇〇とか。だからミーティングで『一〇〇ミリシーベルトを超えた可能性がある』と言ったと思います。それまでに言われていたのは『一〇〇ミリシーベルトでがんの確率が上がるけど、その値の人はいない』ということでした。でもあの女の子は超えた可能性があった。だから問題じゃないかと思い、ミーティングで言ったんです。そこに達してなかったら言わないですから」

一一歳の少女だけの問題ではないとも考えていた。

「原発がおかしくなったころには『友達と遊んでいた』という話だったから、友達も同じような被ばくがあると思っていました」

佐瀬氏もこうした計算について覚えていた。

「私は専門の者としてある程度、計算をしました。一〇〇ミリシーベルトのオーダー（一〇〇ミリシーベルト台）、前後ぐらいです」

さらに、「私たちみたいに知識を持っている者だったらみんな、『内部被ばくはあるよ』とうっすら思っていた。私たちが報告した子はそれを明確化しました」と続けた。

問題はその後の対応だったという。

四月三〇日のミーティングには各地の大学から福島入りした専門家のほか、県の担当者、放医研や文科省の職員もいたという。県はスクリーニングの主体、放医研は専門機関、文科省は放医研の所管省庁という関係になる。

「女の子の話は公のところで言おうと思っていました。ずらっといますから、隠せないんですよね、話を」

そう語った誉田氏によると、徳島大の二人は「五万〜七万ｃｐｍ」「十数キロベクレル」という数字に続け、「一〇〇ミリシーベルトを超えており、非常に問題になる可能性がある」と訴えた。佐瀬氏の記憶に従えば、「ＧＭで五万か七万かあって、それが換算するといくつになるか」という話に続き、「原発の近隣から避難した他の子どもたちも甲状腺の内部被ばくの可能性があるので、ＧＭサーベイメータで構わないから、のどに当てて」と呼びかけた。

この訴えに反応した人物がいたという。誉田氏は「『私は放医研ですけど』と名乗る男性がいて、クレームを付けたんです。『被ばくは問題ない』『大したことないです』って。つぶしにかかる発言ですよね。僕らは怒って、『あなた、線量計算できるんですか』って言ったんです」と語る。男性の氏名は分からないが、「小柄で小太り」という印象は残る。

誉田氏の記憶によると、徳島大の二人は県の担当者に「私たちが伝えた話を知っているのか」と振った。「県は把握していません」という回答だった。「それでは問題になる」と訴え、文科省の女性職員に言った。

「ちゃんと記録しておいてくださいね。こういう事実があるということを文科省は知っておくべきです」

誉田氏は「記録に残せ」と求めた理由について「『被ばくした人がいないと言うな』ということですよね」と語る。ミーティングで出た話は一応、ＥＯＣメールに書き残された。「一〇〇ミリシーベルト超の可能性」という情報は盛り込まれなかった。それでも放医研が五月二日の会議で改めて「一〇〇ミリシーベルト程度」と計算した。ただ、何らかの対応が取られたという話は誉田氏の耳に届かなかった。「握りつぶされたと思っていました」と誉田氏は語った。情報開示請求でメールなどを入手しなければ、一連の経過は日の目を見なかったかもしれない。

測定対象は偏っていた

放医研の対応には強い疑問を抱くばかりだった。深刻な被ばくに向き合わなかった上、政府の甲状腺被ばく測定の不十分さが浮き彫りになりながら、目を背けたようにも思えた。

ただ改めて検証すべきなのは、やはり政府の測定だと思った。十分に測っておけば、高値の測定漏れは生じることはなく、測定漏れの疑いが判明した後の対応が問題になることもない。

政府の測定は一〇八〇人を調べただけだったが、対象設定にも問題があった。

政府の事故対応で助言役を担った内閣府原子力安全委員会のウェブサイトの「原子力安全委員会において平成23年3月11日以降に行った助言等の活動について」には、三月三一日作成の文書「小児甲状腺被ばく線量調査に関するQ&A」が掲載されている。委員会は事故の一年半後に廃止されたが、ウェブサイトは後継組織の原子力規制委員会のサイトからたどっていくと、その後も閲覧できた。

この「Q&A」によれば、政府の甲状腺被ばく測定の対象は「福島第一原子力発電所から30km圏外」だった。原発から比較的離れた地域の人たちだ。原発近くから避難した住民は測定の対象外だった。立地町の双葉町民もそうだった。

三月一三日に放医研は「双葉地区住民はハイリスク群」と見立てていた。原発近くにいた人たちの身を案じるのは当然だろう。しかし、三月二四〜三〇日に実施された政府の甲状腺被ばく測定では、原発近くから避難した人たちが対象外となった。事故後の混乱で放医研の見解が伝わらなかったとしても、あまりに不自然だった。

繰り返しになるが、行政側は本来、被ばくの状況を丁寧に調べ、補償や医療費の支援などにつなげる役目を担っていた。行政側がきちんと調べておけば、被災した側が「望まない被ばくをした」「被ばくのせいでがんになった」と考え、必要な支援を求めようとした際に「実際に被ばくした」という証拠を示すことができるはずだった。

福島原発事故では、原発近くからの逃げ遅れも広範な放射能汚染も容易に想像できた。被ばくの状況は、原発からの距離、風向き、避難の有無など、地域の事情で大きく変わるため、行政側は多くの地域で被ばくの状況を調べ、各地の実情を明らかにする必要があった。

数ある被ばくの中でも、甲状腺内部被ばくの状況を調べるには、測定器をのどに当て、体内に放射性ヨウ素を取り込んだか、その量がどれくらいか、被ばくがどの程度になるか、測定することが不可欠だった。放射性ヨウ素は呼吸や飲食によって体に取り込まれるが、呼吸量や飲食の状況は人によって違う。実際の取り込み量は個人差が大きい。だからこそ、一人一人の取り込み量を調べることが欠かせなかった。

放射性ヨウ素は半減期が八日と短い。原発から放出後、時間の経過とともに量が減る。体内に取り込んだ分もそうだ。放射性ヨウ素が消えた後で測定器をのどに当てても、体内にどれだけ取り込んだか、どれだけ被ばくしたか分からない。だから、できるだけ早い時期に測定器を当てて体内の放射性ヨウ素の量をつかんだ上、体内に入ってから測るまでにどれだけ減ったか、どれくらい先に消えるかを考慮し、等価線量を導く必要がある。

つまり行政側に求められていたのは、時間的な制約や当事者の意向を踏まえつつ、多くの地域で多くの人たちの甲状腺内部被ばくを測定することだった。測る数が増えれば、多く被ばくした人を測り漏らす可能性が減る。がんになった人の被ばくの程度が分からない事態も起こりにくくなる。被害を受けたと訴えたい人が泣き寝入りせずに済むようになる。

しかし政府の測定では一〇八〇人を調べただけだった。対象とした地域も三〇キロ圏外だった。原発近くからの逃げ遅れは容易に想像できたのに対象外にした。

なぜそうなってしまったのか。一体、何が起きていたのか。

第二章　一〇八〇人の甲状腺被ばく測定

SPEEDIと四つの疑問

東京電力福島第一原発では二〇一一年三月一二日から一五日にかけ、三回の爆発があった。このころには放射性物質を含む水蒸気を格納容器の外に逃がす「ベント」も実施された。

政府は一一日夜、原発の三キロ圏に避難指示を出した。一二日朝にその範囲が一〇キロ圏に広がり、夜には二〇キロ圏が避難区域となった。二〇〜三〇キロ圏も一五日に屋内退避が指示された。

こうした防護措置が十分に機能したかどうかは、何とも言えないように思えた。最初の爆発時、原発の北西三キロにある双葉町役場周辺などには相当数の住民が残っていた。原発近くからの避難が遅れた人は他にいてもおかしくなかった。混乱の中で大渋滞が起きたり、避難をためらったりすることは往々にしてあるからだ。

広範な被害を想定しつつ、原発近くから避難した人たちについても注意を払う。甲状腺内部被ばくの状況を調べる上では、そうした姿勢が必要なはずだ。しかし政府が三月二四〜三〇日に行った甲状腺被ばく測定は、偏った地域でわずかに実施しただけだった。

具体的にどこで測ったかは当時の報道発表資料などを見ると分かる。

初日の二四日は川俣町山木屋《かわまたまちやまきや》出張所と町保健センターの二カ所で行った。第一原発の北西方向にあり、出張所は原発から三五キロ、センターは四五キロの距離になる。二六日と二七日の会場は、いわき市保健所だった。原発から南に四五キロ。二八〜三〇日は再び北西方向の川俣町、そして東隣の飯舘村《いいたてむら》で測った。具体的な会場は原発から四五キロほど離れた川俣町中央公民館、四〇キロの距離にある飯舘村役場だった。

対象年齢は一五歳以下で、測ったのは一一四九人。ただ初日分の六六人は集計から外された。周辺の放射能汚染がひどく、あちこちから放射線が多く飛んできたため、体内からの放射線をうまく測れなかったとされる。他に年齢不詳の三人がいたため、集計から除外された。この辺りは一一年九月五日にあった内閣府原子力安全委員会（原安委）の定例会議の配布資料で書かれていた。これらを踏まえ、一一四九人から六九人を引くと一〇八〇人になる。ＮａＩサーベイメータで測定した結果、全員が甲状腺等価線量で一〇〇ミリシーベルト相当の基準値を下回った。避難区域内の二〇キロ圏に住所があると公表されたのは一五人だけだった。

測定場所の五カ所のうち、四カ所は原発の北西方向で、残りの一カ所が南方向だった。いずれも原発から三〇キロ以上離れた場所で、その地域の子どもを測ったようだった。

これほど地域的に偏った測定になったのはなぜか。自分なりに読み解くことにした。

手掛かりの一つは原安委が作成した「小児甲状腺被ばく線量調査に関するQ&A」だ。原安委は政府の事故対応で助言役を担い、測定終了翌日の三月三一日に「Q&A」をまとめた。前章で触れた通りだ。政府の甲状腺被ばく測定の目的が記されており、「福島第一原子力発電所から30㎞圏外で、SPEEDIの推計により被ばく線量が高い可能性があると評価されたエリアにおいて、甲状腺発がんリスクの高いとされる乳幼児を含む小児の甲状腺被ばくの実態を調べるために実施」と書かれていた。

「SPEEDI」とは「緊急時迅速放射能影響予測ネットワークシステム」のことだ。SPEEDIを使えば、甲状腺等価線量を大まかに推計できる。

一般的な甲状腺等価線量の推計ではまず、空気中を舞うダスト（ちり）を採取した上、放射性ヨウ素がどれだけ付着しているかを調べる。この作業は「ダストサンプリング」と呼ばれ、被災地で放射能汚染の程度を把握する「モニタリング」の一環として行う。ダストの分析で放射性ヨウ素がどれだけ空気中を舞っていたか、つまり「大気中濃度」が分かる。その上で「採取場所周辺にこの期間いた」（滞在時間）、「呼吸でこれだけ空気を体内に取り込んだ」（呼吸率）などの仮定を置き、等価線量を導く。原安委の指針類「環境放射線モニタリング指針」に含まれている「解説」の「I　線量の推定と評価法」などにそう記されている。

ＳＰＥＥＤＩも「各地の大気中濃度」「滞在時間」「呼吸率」などから推計する流れは一緒で、一定の線量以上の地域を線で囲い、地図上に示すことができた。ただ大気中濃度については、原子炉内のデータを基に放射性物質がどれだけ放出されるか予測し、風向きや地形を踏まえて各地の大気中濃度を割り出す仕組みになっていた。


「Ｑ＆Ａ」の書きぶりを読む限り、政府の測定は「ＳＰＥＥＤＩの推計で高値になった地域で被ばくの実態を確かめる」という目的で行われたようだった。

時系列で整理すると分かりやすい。

原安委が最初にＳＰＥＥＤＩの推計結果を公表したのが三月二三日。ウェブサイトで公表している分を見ると、一二日午前六時から二四日午前〇時まで同じ場所の屋外に居続けたという前提で計算した結果、甲状腺等価線量が一〇〇ミリシーベルト以上になる地域は主に第一原発から北西や南の方向に広がり、原発から五〇キロ離れた場所まで伸びていた。

政府の甲状腺被ばく測定が始まったのは三月二四日。原発の北西や南の地域で実施した。ＳＰＥＥＤＩで高値と見立てられた地域と一致していた。

「推計結果の確認」を行おうとしたのも理解できる。

一般的な推計もSPEEDIを使った推計も、手早く被ばくの状況を見立てる上で有効な方法だ。しかし推計で必要になる滞在時間や呼吸率は仮定を置かざるを得ない。当時の行動を本人から聞き取っても、記憶頼みとなるため、実際の状況を再現するのは難しい。息づかいも普段の生活と切迫した状況では異なるため、やはり仮定を置くしかない。そうなると正確性を欠く。放射性ヨウ素が付いた食品などを飲食で体内に取り込んだ分は別に計算する必要があるが、飲食の状況は個人差が大きく、計算自体が難しい側面もある。

つまり推計は、被ばくの状況を大雑把に見立てるには便利だが、正確さに難があった。そのため政府はSPEEDIの推計結果をうのみにはできず、原発の北西や南の方向で本当に一〇〇ミリシーベルト以上の子どもがいるか、実際に測って確かめようとしたのではないかと思えた。

その一方、よく分からない点もあった。「Q&A」は「三〇キロ圏外で実施」と記していた。実際の測定もそうだった。しかしなぜ原発から三〇キロ以上離れた地域だけで測ったのか。

先のSPEEDIの推計結果を見ると、原発の北西や南は一〇〇〇ミリシーベルト（一シーベルト）以上の地域が原発から一〇キロほどの距離まで広がり、五〇〇ミリシーベルト以上の

2011年3月23日に公表されたSPEEDIの推計結果

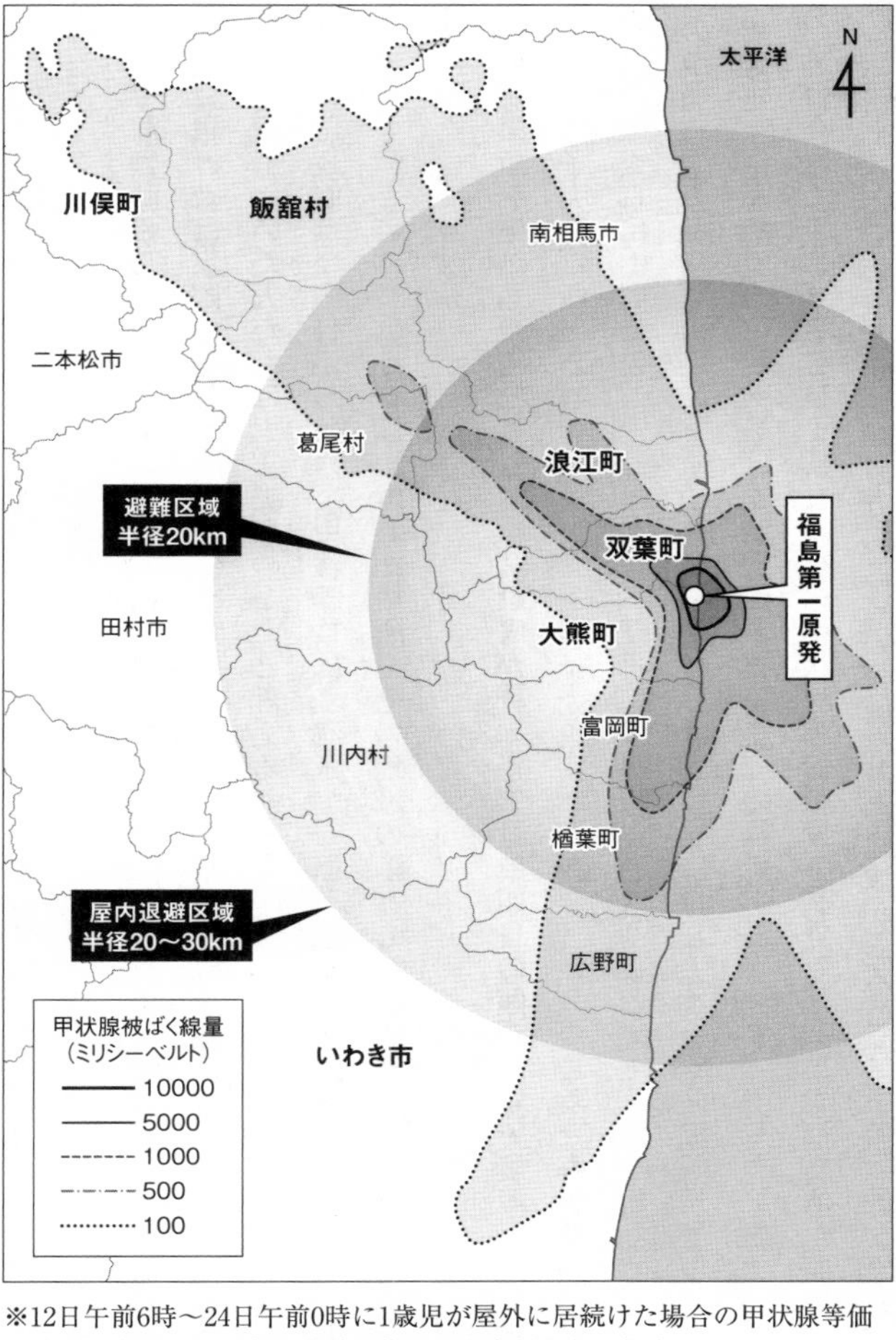

※12日午前6時〜24日午前0時に1歳児が屋外に居続けた場合の甲状腺等価線量。内閣府原子力安全委員会の公表資料を基に作成

地域は二〇キロほど離れた場所まで伸びていた。原発に近い地域ほどリスクが高いことが可視化された。

一二日午前六時から二四日午前〇時まで同じ場所に居続けたという条件で計算しているため、早い時期に逃げれば実際の値は低くなりそうだが、それでも推計結果を見れば「事故が起きたころ、原発近くにいた人たちは大丈夫なのか」と考えるだろう。

それなのに政府は二四日から始めた甲状腺被ばく測定で、原発近くから避難した子どもたちをほぼ調べていない。三〇キロ以上離れた場所でその地域の子どもらを測ったようだった。

福島原発事故を検証した組織としては、政府が一一年五月二四日の閣議決定で設置した「東京電力福島原子力発電所における事故調査・検証委員会」がある。いわゆる「政府事故調」だ。同年一二月二六日に中間報告、一二年七月二三日に最終報告を取りまとめている。

この中間報告の「V　福島第一原子力発電所における事故に対し主として発電所外でなされた事故対処」は、政府の甲状腺被ばく測定が始まるまでの経緯をこう記す。

「安全委員会は……SPEEDIによる小児甲状腺等価線量を試算した結果、福島第一原発から避難範囲を越えて北西方向及び南方向に高い等価線量の地域があることが推定された」「安全委員会は、この結果を重大なものと受け止め、官邸に報告した」「精度に問題が残ること……避難の実施には事前の準備に時間を要することなどから、直ちに避難範囲を拡大せず、小児甲状腺被ばく調査を行い実測値で確認するなど、更なる追跡調査を踏まえて検討することとされた」

最終報告の「Ⅳ　福島第一原子力発電所における事故に対し主として発電所外でなされた事故対処」でも同様の記述があり、「直ちに避難範囲を拡大せず、まず、小児甲状腺被ばく調査を行い実測値で確認することとされた」と書かれていた。

これらの記述からは、甲状腺被ばく測定の端緒がＳＰＥＥＤＩの推計結果だったこと、第一原発の北西や南では避難区域だった二〇キロ圏の外側まで高線量と推計されたこと、推計は正確さに難があるため、被ばくの状況を実測して確かめるようになったことが分かるが、三〇キロ圏外の子どもばかりを測った理由は分からなかった。

改めて疑問を整理すると、四つに大別できた。

一つ目は「政府は甲状腺被ばく測定で何を調べようとしたのか」。ＳＰＥＥＤＩの推計結果を確認しようとしたようだが、実際には測ったのは第一原発の三〇キロ圏外の子どもばかりだった。原発に近い地域でも高い線量が見込まれたが、そこから避難した人たちはほぼ測らなかった。政府は何をしたかったのか。

二つ目は「測定の対象として第一原発から北西や南に三〇キロ以上離れた地域を選んだのはなぜか」。測定の目的と何かしらの関連があると思われるが、あえてその地域を選んだのはなぜだったのか。

三つ目は「多くの地域の人たちを測定しなかったのはなぜか」。政府はSPEEDIの推計結果を踏まえて北西や南の方角で測ったようだが、他の方角で調べなくてよかったのか。拡散の方向は風向きや地形を踏まえたシミュレーションにすぎない。原発から最も離れた測定会場は四五キロ離れた場所だったが、それより遠い地域の人たちを調べなくてよかったのか。原発からは何度も放射性物質が放出され、広範に飛散した。限られた場所で測定を済ませるのではなく、より多くの地域で測るべきだったのではないか。

最後は「原発近くから避難した人たちを測らずに済ませたのはなぜか」。原発近くからの逃げ遅れは容易に想像できたはずだ。汚染源となる原発の近くにいれば、大量の放射性ヨウ素にさらされやすい。それなのになぜ、原発近くにいた人を探し出して測ろうとしなかったのか。

これらを解明するため、取材手法として選んだのが情報開示請求だった。

情報開示請求で解明する

情報開示請求は、行政側が保管する文書の写しを交付するよう求められる制度だ。政府に対する請求は「行政機関の保有する情報の公開に関する法律」（情報公開法）に基づいて行う。

甲状腺被ばく測定を行うに当たり、政府は各所と協議しているはずだった。その際にやりとりされたファックスや電子メール、内部会合の議事録や配布資料などを入手すれば、不可解な甲状腺被ばく測定の内幕が分かると思い、情報開示請求を活用することにした。

情報公開法に基づく情報開示請求は、開示請求書を提出することから始まる。

請求書には、どんな文書が欲しいのか書き込むことになる。具体的に入手したい文書名が分かっていればその文書を求めればいいが、行政側が具体的にどんな文書を持っているか、請求する側は把握することが難しいため、「〇〇の詳細が分かる文書の一切」と書いて請求することが多いようだ。文言が決まれば、対応を求めたい省庁あてに請求書を送る。一回の請求につき三〇〇円の手数料が必要になるため、その分の収入印紙を貼る。

開示請求書を受け取った省庁側は、請求の文言に該当する文書を探す。該当文書の写しを交付する際には、個人情報などの事情で不開示にすべき部分に黒塗りなどを施す。

どの文書を開示するか、その中でもどの部分を開示するかは原則、請求から三〇日以内に決める。「事務処理上の困難その他正当な理由があるとき」にはもう三〇日、開示決定の期間を延長することができる。ただ、請求対象になり得る文書が「著しく大量」であり、かつ「事務の遂行に著しい支障が生ずるおそれがある場合」には、「相当の期間内」に開示決定すればよいとされる。省庁側の裁量で期限を定められるということだ。

請求した側が文書の写しを交付してもらうには、一枚当たり一〇円の費用が必要になる。写しの分量が多ければ、その分だけ費用がかさむ。文書の写しをPDF文書にした上、CD－RやDVD－Rといった電子媒体に記録して交付してもらう方法もある。

国立大学法人などには、「独立行政法人等の保有する情報の公開に関する法律」に基づいて情報開示請求する。これは省庁向けとほぼ同じ仕組みだ。

自治体が持つ文書を開示請求する際には、各自治体の条例が定める手順に沿う。福島県の場合は開示請求の手数料が不要だ。請求を受けてから開示決定を出すまでの期限も原則一五日以内で、省庁向けと比べて短い。さらに三〇日の延長を認めている点、「著しく大量」などの場合に行政側の裁量で期限を定められる点は省庁向けと同じだ。

政府の甲状腺被ばく測定について詳しく知りたい場合、普通に考えれば「政府の甲状腺被ばく測定の詳細が分かる文書の一切」「政府の甲状腺被ばく測定に関する意思決定プロセスの詳細が分かる文書の一切」を開示請求する。しかし、行政側がくまなく文書を探すとは思えなかった。直感的な印象だったが、被ばくの全体像を丁寧につかまなかったのは、事故の被害を曖昧にしたい思惑があったからのように思えた。

実際によこしまな思惑を持っていたら、それを隠そうとするのではないか。よこしまな思惑を記した文書があったとしたら、それを素直に開示することはないのではないか。こちらが何を知りたいかストレートに伝えると、むしろ警戒を強めるばかりではないか。

「こちらが知りたい内容を真正面から伝えないが、知りたい内容が記された文書を開示させたい」という難題だった。しばらく頭を悩ませた後、実際に開示請求することにした。

最初のステップが、どの機関に対して情報開示請求するかという点だった。

中央省庁では内閣府や経済産業省、厚生労働省など、原発対応に関係した省庁を選んだ。他は地元の福島県、医療対応を担った福島県立医科大などを含めることにした。

次のステップが「どんな文書の開示を求めるか」という難関だった。「甲状腺被ばく測定の詳細を知りたい」「詳細が記された文書が欲しい」と直接的な表現で開示を求めるのはやめた。

ただ、何を知りたいのか、ある程度明かさない限り、行政側も文書を探すことができない。そのため、「甲状腺被ばく測定について知りたい」とは行政側に伝えないものの、やや広い概念の「線量評価」について知りたい旨を伝えることにした。

「線量評価」とは、甲状腺内部被ばくのみならず、他の内部被ばくや外部被ばくの程度がどうなのか測定、分析する作業を指す。「福島原発事故の線量評価の詳細が分かる文書」を請求すれば、こちらが最も知りたい部分は伏せつつ、知りたい内容が記された文書が開示されるかもしれないと考えた。

他の文言を使った開示請求も行った。

甲状腺内部被ばくは原発事故で重要な意味を持つため、測定の進め方や測定の結果などはいろいろな場で議論されたはずだと考えた。時期的にも、測定を行った二〇一一年三月二四〜三〇日の前後のみならず、しばらくたってからでも議論されたかもしれないと思った。そんな中、甲状腺内部被ばくや甲状腺がんをよく扱う場として、福島県が行う「県民健康調査」があることに気づいた。この調査では、甲状腺がんの発症状況を分析していたため、健康調査に関する議論の中で甲状腺内部被ばく、特に政府の測定も取り上げたのではないかと考えた。そこで「県民健康調査に関する議論の詳細が分かる文書」も開示請求することにした。

ただ、「福島原発事故の線量評価の詳細が分かる文書の一切」「県民健康調査に関する議論の詳細が分かる文書の一切」とすると、かなり多くの文書が該当することが予想された。線量評価で言えば、政府の甲状腺被ばく測定は一一年の三月中に終わった一方、土壌や森林などに付着した放射性物質がどれだけ外部被ばくをもたらすかは、その後も継続的に分析されていた。単に「線量評価の詳細が分かる文書」を求めると、甲状腺被ばく測定に関係しない文書が相当多く含まれ、開示決定までの時間が長くかかると予想された。

一定の絞り込みのため、「二〇一一年三月から七月までに行われた線量評価の詳細が分かる文書の一切」などと時期を区切ることにした。具体例を挙げた方が行政側も文書を探しやすいと考え、「詳細が分かる文書とは、関係する会議の議事録や議事概要、メモや決裁文書、電子メール、音声データなど」と説明書きを加えた。

実際に開示請求してみると、「文書の特定が難しい」「もっと絞り込めないか」という指摘を受けた。こちらの求めが抽象的すぎるため、具体的に何を知りたいのか、どんな文書が欲しいのか、明確にしてもらいたいという趣旨だった。

想定していた反応ではあった。「こちらが何を知りたいのかを明確にしない」ことを前提に開示請求の文言を考えたのだから、「何を知りたいか」はよく伝わらないだろう。

別の文言で開示請求する必要があるかもしれない。発想を転換させる必要があるかもしれない。そう考え、少し工夫を凝らすことにした。

こちらが最も知りたいのは「政府の甲状腺被ばく測定はどのような思惑で測定対象が決められたか」だった。行政側が何かを決めたり、何かを説明したりするのは「会議」という形を取ることが多いのではないかと考えるに至った。会議を開けば議事録や配布資料などを残しているだろう。甲状腺被ばく測定や線量評価、県民健康調査に関連する行政内部の会議として何があるか調べた上、その会議の議事録などを開示請求するのはどうだろうか。これなら行政側も文書を特定しやすいし、こちらが欲しい情報が記された文書が得られるかもしれない。

問題は、行政内部の会議をどう調べるかだった。

この段階ではひとまず、甲状腺被ばく測定や線量評価、県民健康調査にこだわらず、福島原発事故後に各行政機関であった会議を網羅的に把握することにした。

連想ゲームのように頭を巡らせた。会議と言えば、会議室を使う。会議室を使う際には、事前に予約を入れる。行政側には、会議室の予約一覧や使用実績が文書として残っているのではないか。会議の出席予定者が会議を忘れないよう、総務のセクションが出席者に案内を送っているのではないか。会議の週間予定表や月間予定表を共有しているのではないか。これらを開示請求で入手すれば、会議の開催状況を網羅的に把握できるのではないか。

外部の会議に出席した場合、交通費や出張手当などを精算することになる。そうした会計のデータを開示請求すれば、外部の会議として何があるか把握できるのではないか。

「会議を特定する」「そこから議事録などを得る」という方法は非常に有効だった。

開示請求先のうちの一つ、福島県立医科大を例に取ると、原発事故関連の会議が少なくとも一〇〇近くあった。こちらの関心に合う会議をピックアップした上、議事録や配布資料などを開示請求した結果、数千枚の内部文書を入手することができた。

開示請求で文書の写しを入手すると、それを読み込んでいった。把握していなかった会議名が出てくると、改めてその会議の議事録などを開示請求した。知らない事実関係が出てきた際には「〇〇の詳細が分かる文書」という形で請求してみた。

開示請求の難点は時間がかかることだった。行政側は原則一～二カ月で開示決定を出すことになっていたが、裁量でそれを延ばせるため、数カ月待つことも頻繁にあった。その一方、所属していた特別報道部の日常業務もあった。平日は週二日、その日の紙面作りを担当したほか、残りの日も週末向けの原稿を用意しなければならなかった。

合間を見つけては開示請求の文言を考え、入手した文書を読み込み、改めて開示請求した。根気よく続けると、明らかにしたかった内容が少しずつ分かるようになった。しかし紙面化は先送りし、全容が分かるまで待つことにした。断片的にしか解明できていない段階で報じると行政側に警戒され、文書が捨てられる可能性があると考えたからだ。

開示請求を繰り返すと、甲状腺被ばく測定に関する文書を多く残す機関があることが分かった。「緊急被ばく医療体制の中心的機関」とされた放医研がそうだった。

一級資料

住民の被ばくが心配される時にどの機関が重要な役目を担うか。重要な役目を担う機関が重要な文書を持つのではないか。そう考えて下調べすると、放医研の存在が浮かび上がってきた。放医研の正式名称は「放射線医学総合研究所」。千葉市稲毛区にある国の専門機関だ。一九五四年に米国の水爆実験で日本の漁船乗組員が被ばくした「第五福竜丸事件」を受けて五七年に設立された。放射線災害で被ばくした人たちの専門的な治療を担ってきたほか、原発事故が起きた時の対応方針を定める原安委の指針類の取りまとめにも参加してきた。

その指針類の一つ「緊急被ばく医療のあり方について」によれば、被ばく患者を診療する

「被ばく医療機関」の中でも、最後の砦《とりで》に当たる「全国レベルでの三次被ばく医療機関」と位置づけられたのが放医研で、「緊急被ばく医療体制の中心的機関」として、線量評価などを行う上で各所に専門的な助言や支援を行うとされた。

つまり、実践的な住民対応で重要な役回りが期待されたのが放医研だった。しかし、報道された頻度は相当少ない印象を持っていた。だからこそ「手つかずの穴場」のようにも思えた。

情報開示請求を使って放医研が持つ文書を入手すると、彼らの活動ぶりがよく分かった。

官邸に呼ばれて官房長官のアドバイザーとなったのが、放射線防護研究センター長の酒井一夫氏。原安委には、被ばく線量評価部長の山田裕司氏らが向かった。震災翌日の三月一二日午前には所内の医師ら三人が福島県原子力災害対策センター（大熊町《おおくままち》）内のオフサイトセンター（OFC）に着き、政府の原子力災害現地対策本部（現地本部）に入った。翌一三日以降は県災害対策本部が入る県自治会館（福島市）に別の職員らが赴き、県側の事故対応を手伝った。彼らをはじめとした応援部隊が集う県自治会館四階の一室は「緊急被ばく医療調整本部」（調整本部）と名付けられた。前章で登場した徳島大の二人も四月以降、ここを拠点に活動した。

放医研は、要所で作成された文書を非常に多く保管していた。派遣された職員がファックスやメールなどを使い、放医研へ送信していたからだ。文書の種類は多岐にわたる。原子炉の状況を伝える連絡文書をはじめ、派遣要員や搬送する資機材のリスト、モニタリングのデータ、派遣先の会議の議事概要や配布資料、外部からの問い合わせに対する回答などもあった。これらの文書は放医研内部の会議で共有され、事故対応の議論を進める上で用いられた。

情報開示請求で入手できた放医研の文書は一万枚超に上った。放医研が持つ重要な情報を網羅的に把握できたのはありがたかった。政府の現地本部や県自治会館の調整本部からは、定時的な報告が寄せられていたため、時系列的に検討状況をつかむ上で役立った。

そんな中でも特筆すべき「一級資料」があった。放医研の職員間で原発事故直後から用いられた電子掲示板「緊急被ばく線量評価情報共有・伝達システム」のデータだった。

放医研から入手した複数の文書には「線量評価情報共有システムにて共有された情報は下記の通り」という記述があった。何かしらの電子データをやりとりするシステムと考え、このシステムで事故後三カ月の間に共有されたデータを情報開示請求した結果、「緊急被ばく線量評価情報共有・伝達システム」という名の電子掲示板があること、当時の投稿データが残っていることが放医研から伝えられ、指定した期間の分を印刷、複写してもらった。

この掲示板は、要所に派遣された職員らが得た情報をリアルタイムで共有するために使われていた。投稿者の氏名が黒塗りされずに記載されていたほか、「自治会館4階」「OFC医療班」などの派遣先、「2011／03／18　06：04」といった投稿時間も分単位で表示されており、ワードやエクセルなどの文書、写真ファイルが添付送信できる仕組みになっていた。

事故対応の要所で把握、議論されていた情報が何か、その情報を詳しく知るのが誰なのか。それらがよく分かるのが放医研の電子掲示板だった。実名や投稿時間、活動場所が記されていることで、具体的に状況の推移をたどる上でも役立った。

例えば震災から一週間後の三月一八日午後三時三七分。県自治会館の調整本部にいた内堀幸夫氏が「現地の病院で、1名の重症患者をヘリに乗せようとしたところ、ヘリで人工呼吸器の電源がとれず、搬送中止」と投稿していた。同日午後三時四九分には、県庁に移った政府の現地本部から福田茂一氏が「最悪のシナリオで、原子炉が爆発した場合、5㎞での被ばく量および甲状腺の等価線量を推定してください」と書き込んだ。先を読み進めると、千葉の放医研にいた大町康《おおまちやすし》氏が午後四時一六分に「最悪の事態のシナリオがわからないので線量評価もできません」と押し返す投稿をしていた。

三月三一日午後一一時四九分には、政府の現地本部医療班で活動するようになっていた前出の大町氏が「今後派遣される人に求められるのは行政側の連中（厚労省キャリア医師免許組3人）とうまく立ち回れる資質がある人間」「霞が関官僚に加えて医師としてのプライドがあるため、彼らは対等に議論する相手は『医師』あるいはそれなりの管理職を選ぶ」と微妙な人間関係をつづった。四月二二日午前八時一八分には、政府の現地本部にいた別の放医研職員が広島県幹部の実名を挙げ、前夜に現地本部を訪れたと投稿した上、「医療班班長、医療班顧問と夜の街に消えていきました」と書き込んでいた。

放医研の職員たちが体裁を取り繕わず、生々しくやりとりした場が電子掲示板だった。「一一歳の少女が甲状腺等価線量で一〇〇ミリシーベルト程度」と記された「朝の対策本部会議メモ」も電子掲示板で共有されていた。

政府の甲状腺被ばく測定の前後に何が議論されていたかも、ここに記されていた。議論に絡んだ放医研の職員自身が自らの氏名、活動場所とともに、議論の詳細を書き込んでいた。

この「一級資料」を入手したのは一六年二月一日だった。一連の取材を始めて二年あまり。情報開示請求で得た文書も合計で二万枚超に上り、ようやく一区切り付いたと思った。しかしそれほど時間を置かず、愛知県内への異動を告げられた。静岡県境にある人口五万人の新城市が持ち場になり、福島原発事故の取材は管轄から外れた。

特別報道部に復帰したのは一八年八月。一〇月半ばに年明けの連載が内定した。残された時間は少なかったが、五〇人ほどの関係者取材を進めた。入手した文書と取材成果を照らし合わせると、政府の甲状腺被ばく測定の裏に何があったか、どんな思惑が働いていたかが見えてきた。東京新聞で既に報じた部分もあるが、以下で詳報する。まず扱うのは測定の直前の状況だ。

ニコニコの日に裏腹な見解

福島原発事故が起きた直後、被災地には怒りが渦巻いていた。「3・11」以前、政府や電力会社は「深刻な事故は起こり得ない」と安全神話を喧伝《けんでん》した。原安委の指針類の一つ「原子力施設等の防災対策について」によれば、技術的に起こり得ないような厳しい事態を想定しても、原発の八～一〇キロ圏を目安に防災対策をすればいいはずだった。

しかし事故は起きた。二〇一一年三月一二日午前五時四四分には第一原発の一〇キロ圏に避難指示が出た。起こり得ない想定で考えられた目いっぱいの範囲で避難することになった。午後三時三六分には爆発が起き、三時間後の午後六時二五分に二〇キロ圏に避難指示が出た。想定を遥かに超える範囲だった。その後も事態は悪化し、一四日と一五日にも爆発が起きた。

当時の被災地の空気感は、地元紙の見出しを拾うだけでもよく分かる。福島民報は「原発の

安全神話　崩壊」（一三日付）、「古里いつ帰れる」（一四日付）、「住民　怒りと焦り『人災だ』『対応後手』」（一六日付）と伝え、福島民友も「前代未聞の『爆発』」「説明できず5時間」（一三日付）、「県のいらだち頂点に」（一六日付）などと報じた。

政府は事故が起きてからも、放射能汚染の程度を甘く見るような見解を繰り返し周知していた。官房長官だった枝野幸男氏は、汚染の程度を調べるモニタリングのデータが出てくるたびに「ただちに人体に影響を及ぼすものではない」と述べていた。

心配しなくていいと思わせる「安心神話」が喧伝されていた。そんな中で福島入りしたのが、長崎大教授の山下俊一氏だった。大学のウェブサイトによると、三月一七日に福島県知事から長崎大に対して専門的な情報を提供するよう協力依頼があり、大学側は山下氏の派遣を決めた。山下氏は翌一八日に来県すると、一九日には県の放射線健康リスク管理アドバイザーに就いた。

山下氏は甲状腺内分泌学が専門で、過去には長崎の原爆被爆者やチェルノブイリ事故で被災した人たちの健康調査に携わっていた。その経験を基に正確な情報を県民に伝えることが期待され、同僚の高村昇氏とともに県内各地で講演した。

山下氏が話す内容は「安心神話」そのものだった。象徴的な講演が二一日午後二時から福島市中心部の「福島テルサ」で行った分だ。福島県立医科大のウェブサイトにある電子記録集

「ＦＵＫＵＳＨＩＭＡ　いのちの最前線　東日本大震災の活動記録集」で当時の動画が閲覧できた。

この講演では「現状は危険じゃない。だから避難させる必要がない」「私は大胆にも、心配いらんというふうなことを断定する」と再三強調した上、「放射線の影響は、実はニコニコ笑っている人には来ません」「笑いが皆さま方の放射線恐怖症を取り除きます」と訴えた。

政府の甲状腺被ばく測定が始まる三日前のことだった。


山下氏は「原子力ムラの御用学者」とも目された。ところが放医研の電子掲示板を見ると、その印象を覆す内容が書き込まれていた。投稿日時は三月二一日午後九時四七分。政府の甲状腺被ばく測定が始まる三日前、「ニコニコ」講演の日の夜だ。

「長崎大の山下俊一教授がＯＦＣに来られ、総括班長（経産省）＆立崎班長とともに放射性ヨウ素の問題について話をうかがいました。山下先生も小児の甲状腺被ばくは深刻なレベルに達する可能性があり、それを防ぐための早急な対策が必要との見解です」

あの山下氏が深刻視をしていた、という書き込みだった。

投稿者の欄には「保田浩志（ＯＦＣ医療班（県庁５階））」とあった。ＯＦＣはオフサイトセンターを指す。政府の現地本部が置かれる拠点だ。事故時は第一原発が立地する大熊町にあったが、放射能汚染の拡大に伴って三月一五日以降、県庁五階に移っていた。

投稿内容が正しければ、放医研職員の保田氏は、県庁五階のOFCを拠点とした政府の現地本部の医療班に派遣され、そこで会った山下氏から「甲状腺被ばくは深刻なレベルに達する可能性がある」と聞いたことになる。御用学者と目された山下氏でさえ、政府の測定の直前に「深刻なレベルに達する可能性」を考えていたことになる。

山下氏は事故後、福島県立医科大の副学長も務めていた。電子掲示板に記された内容を確認するため、県立医科大を通じて「OFCで具体的に何を伝えたか」と対面取材を申し込んだところ、山下氏から次のコメントが文書で返ってきた。

「福島県庁内オフサイトセンターに立ち寄ったところ、保田、立崎両氏がいらしたと記憶しています。彼らは、原発事故直後のデータが当時、不明なことから、避難区域に指定されたエリアにおける最も悪い状況を想定した対応を検討されていたかと思います。あくまでもその前提の下で、原発事故直後の避難指示区域内の被ばく、特に、短半減期の放射性ヨウ素の子どもへの影響は最も考慮しなくてはならないとの見解を示したのみです」

保田氏らと会ったのは「時間までは分かりませんが、おそらく3月21日だったと記憶してい

山下俊一氏の見解を記した投稿

> Clair Doctor : 掲示板(コメントの一覧)
>
> 原安委と意見交換の後、長崎大の山下俊一教授がOFCに来られ、総括班長(経産省)&立崎班長とともに放射性ヨウ素の問題について話をうかがいました。山下先生も小児の甲状腺被ばくは深刻なレベルに達する可能性があり、それを防ぐための早急な対策が必要との見解です。
>
> 本件については、原安委に助言を求めることを念頭に、対応を検討します。アドバイスなどあればぜひお願いします。
>
> 保田浩志

※情報開示請求で入手した放医研の電子掲示板の印刷分に記載

ます」と回答した。「ニコニコ」講演と「深刻視」は整合が取れないのではないか、とも尋ねると、「2011年3月21日、福島テルサでの講演は、21日時点での福島市民の皆さんへの説明です。オフサイトセンターでの保田、立崎両氏との会話は、原発事故直後のデータがなく、状況が分からない中で避難指示区域の状況把握に関してコメントしたものです」と返答した。

山下氏は「ニコニコ」講演があった三月二一日、講演会場から徒歩五分の距離にある県庁のOFCで保田氏らと会ったと認めた。山下氏の説明によれば、自身も保田氏らも強く意識したのは「事故直後の避難区域内の状況」だった。最初に爆発があった一二日以降、避難区域は第一原発の二〇キロ圏だったので、「事故直後の二〇キロ圏内の状況がどうだったか」に意識を向けていたと読み取れる。そして山下氏が「最も考慮

「すべき」と伝えたのは、放射性ヨウ素が子どもたちに及ぼす影響だったという。放射性ヨウ素が甲状腺に集まる性質を踏まえれば、「子どもの甲状腺内部被ばくを最も考慮すべきだ」と伝えたことになる。

一方、「ニコニコ」講演自体は「問題なし」と考えていた。講演の相手は福島市民、つまり第一原発から六〇キロほど離れた地域の人たちだから、事故直後に二〇キロ圏内にいた人たちとは事情が違うので、それほど心配しなくてよかったと主張しているようだった。

山下氏の回答をどこまで信用してよいのかという問題はあった。第一原発から六〇キロ離れた福島市内で「心配いらん」と講演したことと辻褄《つじつま》を合わせるため、「深刻視の対象は原発の二〇キロ圏内」とコメントを寄せた可能性があるからだ。

ただ少なくとも、政府の測定が始まる直前、「御用学者の代表格」と目された専門家でさえ、住民の被ばくを心配していたとは言えそうだった。

目を向けるべきはそれだけではない。政府の現地本部医療班にいた保田氏は「山下先生も」と投稿していた。「も」という表現からは、保田氏が深刻なレベルに達する可能性があると見立てていたところ、山下氏もそう考えていたというニュアンスが込められているように感じた。

保田氏の見解が看過できないのは、彼がいた現地本部医療班が重要な組織だったからだ。本章の「SPEEDIと四つの疑問」で取り上げた「小児甲状腺被ばく線量調査に関するQ&A」によれば、政府の甲状腺被ばく測定は現地本部医療班が主体となって実施した。

保田氏が山下氏絡みの投稿をしたのは三月二一日。政府の測定の三日前だ。そんな時期に現地本部医療班で「甲状腺内部被ばくは深刻なレベルに達する可能性がある」と考えられたのに、調べたのは一〇八〇人だけだった。深刻視したのは保田氏だけだったのか。他の面々は楽観視し、わずかに測って終えたのか。そうであったとしても、第一原発から三〇キロ圏外の子どもばかりを測った理由がよく分からない。いずれにしても保田氏に話を聞く必要があった。

広島大教授に転じていた保田氏に対面取材を申し込むと、大学の研究室で応じてくれた。

数万人測定の構想

保田氏は環境汚染の分析や線量評価が専門で、チェルノブイリ関連の研究で博士号を取ったという。事故から半年あまり経過した二〇一一年末には国連科学委員会（UNSCEAR＝アンスケア）事務局に派遣され、福島原発事故の一三年報告書の取りまとめに携わった。

その保田氏によれば、福島入りしたのは一一年三月二〇日で、現地本部医療班の一員として活動した。

「最初は班長の代理という立場でしたね。班長は（放医研で同僚だった）立崎《たつざき》英夫さんでした。立崎さんが福島を離れて千葉市の放医研に戻ると、私が班長になりました」

二四日からの甲状腺被ばく測定は現地本部医療班が主体になって実施した。放医研の電子掲示板を見ると、「3月24日　00：10～　立崎先生が放医研に現れました。他の方共々無事到着されたそうです」と書き込まれていた。保田氏は「まさに今から測定」というタイミングで現地本部の医療班長に就いたことになる。

それを裏付ける文書も情報開示請求で得ていた。保田氏と同行者三人の連名で書かれた出張報告書だ。現地本部が置かれたＯＦＣが出張先として書かれ、「ＯＦＣ医療班（班長：保田）として主に以下のような任務に従事した」「小児甲状腺サーベイを開始」などとあった。

保田氏がいた現地本部医療班が甲状腺被ばく測定を担うのは、当然と言えば当然だった。

原子力災害対策特別措置法や政府の原子力災害対策マニュアルによれば、事故対応の中核を担うのが政府の原子力災害対策本部で、経済産業省内の緊急時対応センター（ＥＲＣ）に事務局を置くと定められていた。保田氏がいた現地本部は前線基地のＯＦＣを拠点に具体的な対応策を練ることになっていた。原災本部や現地本部には「総括班」「広報班」「プラント班」といった機能班を置くことになっており、各省庁の官僚らが役割分担して対応に当たるとされた。現地本部医療班は住民の被ばく対応を担うと記されていた。

保田氏が現地本部医療班で活動を始めたのは測定の四日前だった。「当時は情報がなかった。一般の人がどれだけ被ばくしたか分からなかった。原子炉が安定しておらず、これからどういうふうに放射性物質が来るかも分からなかった」と振り返る。

広い範囲に放射性物質が拡散されていたことは分かっていた。土壌や森林などに付着した放射性物質は放射線を飛ばす。空気中を飛ぶ放射線の程度、つまり「空間線量」は福島県などがモニタリングで調べていた。空間線量は「毎時一マイクロシーベルト」などと示される。この値が高い場所は、放射性物質が多く降り注ぎ、放射線が多く飛び交っていることになる。

第一原発で三度目の爆発があった一五日の夜、原発から北西に約二〇キロ離れた浪江《なみえ》町内で毎時三三〇マイクロシーベルトが記録され、北西六〇キロの福島市内でも毎時二三マイクロシーベルトが計測された。事故前の空間線量は毎時〇・〇四マイクロシーベルト程度。それを考えると、広い範囲に汚染が拡散していたことは間違いがなかった。

ただ空間線量は、その場所にどれだけ放射線が飛んでいるかを示す値で、体の外から放射線を受ける「外部被ばく」の線量を導く際に使うデータだった。

甲状腺内部被ばくの程度を手早く見立てるには、放射性ヨウ素がどれだけ空気中を舞っているかという値、つまり大気中濃度が必要だった。滞在時間や呼吸率などの仮定を置けば甲状腺等価線量を計算できたが、肝心の大気中濃度のデータが乏しかった。既に中央省庁の間ではSPEEDIを使った推計が進められていたものの、原子炉の状況が詳しく分からなかった上、放射性ヨウ素の大気中濃度がまだはっきりしなかったため、放射能汚染の拡散方向を図示することしかできなかった。

これまでの状況もこの先の展開もよく分からない中、保田氏は甲状腺内部被ばくについてかなり深刻な被害を想定していた。

「チェルノブイリの教訓がありましたから。一番問題になったのは放射性ヨウ素による甲状腺内部被ばくでした。ヨウ素みたいにガス状のものはすぐに出てくる。それによる被ばくがチェルノブイリ並みになるのは可能性として高かった。チェルノブイリは原子炉一個の爆発でしたけど、福島は三つ駄目になりました。単純に原子炉の数だけで考えると、被ばく線量は三倍になり得ると考えていました。チェルノブイリは甲状腺等価線量の平均が五〇〇ミリシーベルトなので、三倍だと一・五シーベルトとか」

保田氏は、より多くの人たちを測定することが必要だと考えていたという。

「数万人規模の測定が頭にはありました。チェルノブイリ並みということです」

推計には限界があると判断していた。

「甲状腺の線量は測らないと分からないんですよ。推計でいくらやっても（実際の値からは）外れる。これもチェルノブイリの教訓ですけど」

誰がどこに何時間いたか、詳しく把握することが難しく、「その人の行動を考慮しきれない」。さらに「屋内にいた場合の計算も難しい。同じ家でも窓が開いた部屋にいるか、締め切った部屋にいるかで計算の仕方が全然違う」と語り、「食べ物によっても線量は変わりますから」とも述べた。大気中濃度を使った推計の場合、呼吸によって放射性ヨウ素を取り込むケースを想定しており、飲食によって体内に入る分は考慮しきれていない。飲食分を別に計算できればいいが、誰が何を食べたか、何を飲んだかは個人差が大きい。

甲状腺内部被ばくの状況を大まかに、手早く見立てるには推計が有効だったが、やはり正確性に難があるため、「個人個人を測らないとはっきりしない」と保田氏は考えていた。だからこそ、測定する住民の数として「数万人」をイメージしていたのだろう。

広範な放射能汚染を想定していた保田氏はその対策も協議していたという。放医研の電子掲示板に痕跡が残る。三月二一日午後四時三九分に保田氏からの情報が書き込まれていた。

保田氏は屋内退避区域になっていた第一原発の二〇〜三〇キロ圏に言及した上、「医療班では、圏内に留まっている小児や胎児（妊婦）のヨウ素131／132による被ばくに注目しており、正確な線量評価と（リスクレベルに応じた）迅速な対応（避難など）の実施が必要ではないかと考え、原子力安全委員会と意見交換しています」と伝えた。

「ヨウ素131／132」は放射性ヨウ素のこと。保田氏は「ある程度、被ばくのレベルが高くなると、屋内退避では不十分になる。三〇キロ圏外に避難させるか、議論しましたね」と振り返る。

同じ二一日の午後九時四七分、保田氏は先に触れた山下氏絡みの投稿をした。ＯＦＣで山下氏と会った時間帯について、保田氏は「昼間でしたね」と振り返った。

「山下先生は一時間ぐらいのゲストでした。医療班で対策を考えてほしいという趣旨で来られました。やっぱり山下先生とは意見が一致しましたね。チェルノブイリのこと、日本で一番よく知っている先生ですから。先生は子どもの甲状腺被ばくが一番問題になるので、きちっと測らないといけないというのと、あとは食品制限のことを言われました。福島県立医科大の甲状腺の先生に協力してもらうのがいいのではないかともおっしゃって。具体的には鈴木真一先生です。問題意識が高い印象を受けました」

被ばくの程度がどの程度になるかは「直接、話をしていない」ものの、「チェルノブイリと同じようなことになりますねという話で、『チェルノブイリでは数年後に甲状腺がんが増えた』『日本だと大変なことなので、それを防ぐ手立てが必要になる』と指摘を受けた」。

意識を向けるべき地域に関しては「先生からは特にどこの、ということはなかったと思いますね。距離が近い、二〇～三〇キロというより、県内全てのエリアでという意味合いだったと思います。チェルノブイリでも遠く離れたところで高くなっている場所がありますし」。

保田氏は電子掲示板に「立崎班長とともに放射性ヨウ素の問題について話をうかがいました」と投稿していた。この「立崎班長」こと、放医研の医師、立崎英夫氏にも取材した。

二一日に保田氏とともにOFCで山下氏に会ったか尋ねると、「お会いしたのは覚えています」と答え、「山下先生はチェルノブイリで高名な方。知見をいただけるものであれば、OFCの一員としてアドバイスいただきたいという意識がありました」と振り返った。

立崎氏も情報の乏しさに苦慮していた。第一原発の二〇キロ圏が避難区域だったが、それより外で放射性ヨウ素が多く漂っているか把握できておらず、「ヨウ素の大気中濃度が今どうなっているか、データを採ってくれとOFCで言い続けていた。もしそれが高いなら避難を考えないといけないから。被ばくをさせない対策を取ることが重要だと思っていた」。

「今の被ばく」のみならず、「この先の被ばく」にも思いを巡らせていた。

「原子炉が安定しているとは全然思っていなかった。またいつ大量放出になるかというような」

立崎氏は「次なる避難を考えていた」と振り返る。避難範囲の拡大が頭にあったという。そのタイミングで会ったのが山下氏だった。

「山下先生が『場合によってはさらなる避難を考えないといけない』と話をしていたのは覚えています。私より説得力があるかもしれない先生から、総括班にも一緒に話してもらえたのは意味があった」

山下氏の回答と現地本部医療班にいた保田、立崎両氏の証言には乖離《かいり》があった。

山下氏によれば、現地本部医療班の二人は避難区域に指定された二〇キロ圏内の被ばくを強く意識しており、自身も区域内の甲状腺内部被ばくについて見解を示した。医療班の二人の説明は違った。ともに広範な放射能汚染を想定し、二〇キロ圏だった避難区域の外側でも避難を検討すべきと考えていたほか、山下氏も似た思いを持っていたということだった。

実際のところは、山下氏も医療班の二人と同様、深刻な放射能汚染が広範に及ぶ事態を想定していたのだろうか。講演ではそれを隠し、「心配ない」と話したのか。

講演で「心配ない」と述べたのは、「頼まれた結果」にも思えた。そう考える根拠になった文書を福島県立医科大に対する情報開示請求で得ていた。三月二〇日に県立医科大の内部で開かれた「全体ミーティング」の議事概要だ。

二〇日は「ニコニコ」講演の前日に当たる。この議事概要を見ると、「長崎大学の山下俊一教授、高村昇教授が、昨日県の幹部と意見交換を行い、放射能リスクアドバイザーとして依頼された。市民に向けて、心配ない旨話をしていただく」とあった。山下氏は県側からの依頼を受け、講演で「心配ない」と述べたのではないか。山下氏にこの文書の存在を明かさず、「県や県医大から『心配ない旨話していただきたい』と依頼があったのでしょうか」と尋ねたところ、回答は「そのようなことはありませんでした」ということだった。

いずれにしても、山下、保田、立崎の三氏の取材は大きな意味があった。

県のアドバイザーも政府の現地本部医療班の二人も甲状腺被ばく測定が始まる直前、範囲の差こそあれ、被災した人たちの甲状腺内部被ばくを心配していたことが分かった。測定を担った現地本部医療班の二人に関しては、広範に及ぶ放射能汚染を想定し、避難指示が出ていた第一原発の二〇キロ圏の外側でも避難が必要ではないかと議論していた。保田氏に至っては、数万人規模の測定を思い描いていた。

山下氏と現地本部医療班の二人が会ったのは三月二一日ということだった。政府の測定が始まったのが二四日。その間の状況を検証すると、現地本部医療班の二人のような「深刻視」が他にも広まっていたことが判明した。

水面下の避難拡大論

放医研の電子掲示板では三月二二日午後四時二六分、千葉の放医研にいた大町康氏が「文科省HPでダストサンプリング濃度が公表され始めました」と書き込んだ上、文部科学省の報道発表資料をPDF文書にして投稿した。この日になってようやく、放射性ヨウ素の大気中濃度がホームページ上で発表されだしたことが電子掲示板で周知された。

ダストサンプリングで放射性ヨウ素の大気中濃度が分かれば、その場の滞在時間や呼吸率などの仮定を置くことで甲状腺等価線量を推計できる。飲食によって放射性ヨウ素を体内に取り込む量は別に計算しなければならないなど、一定の限界はあるものの、手早く被ばくの状況を見立てる上では、こうした推計が有効だった。

二二日に公表された大気中濃度は、第一原発の北や西、南に二五～四五キロ離れた数カ所のデータで、二〇日や二一日に採取したダストから分析していた。最も高い値を示したのが、二一日午後一時～一時四〇分に第一原発から南に二五キロ離れた場所で採取した分。このころの放射性ヨウ素の大気中濃度は一立方メートル当たり五六〇〇ベクレルだった。

政府の現地本部医療班にいた保田氏は「一立方メートル当たり五六〇〇ベクレル」などのデータを公表前に把握していたようだった。大町氏の書き込みに先駆け、二二日午前八時四五分にはこれらの値が記されたPDF文書を電子掲示板に投稿した上、「添付の実際データ（3／21付）に基づいて小児の甲状腺の線量を計算してもらえますでしょうか」と放医研に求めた。

午前九時からは放医研の本部会議が開かれており、電子掲示板では議事概要が投稿されていた。「ヨウ素の取り込みについての線量評価」「空気中濃度（ＯＦＣからきているデータ）の解析：福田・高田・高島」「小児の甲状腺濃度を評価するのを防護センターが中心ですすめる」

とあった。ＯＦＣにいた保田氏の送信データを基に、放医研の放射線防護研究センターが中心になって甲状腺等価線量を推計することを確認したようだ。

文科省による大気中濃度の公表を挟んで同日午後六時三三分、千葉の放医研にいた大町氏から、推計結果を記したＰＤＦ文書が電子掲示板に投稿された。注目すべきは、第一原発の南二五キロの結果だった。計測された「一立方メートル当たり五六〇〇ベクレル」の空気を一日吸い続けた場合、甲状腺等価線量は六八ミリシーベルトに達すると書かれていた。

この値はインパクトがあったはずだ。「一日で六八ミリシーベルト」が二日続けば、「甲状腺がんの発症リスクが増える」とされた一〇〇ミリシーベルトをゆうに超えるからだ。甲状腺等価線量が高値になるのは、それだけ放射性ヨウ素が多く漂い、大気中濃度が高かったからと言える。第一原発で最後に爆発があったのは一五日。一週間がたっていたが、以後も原子炉から放射性ヨウ素の放出が続いていたのか。土壌に落ちた分が再び舞い上がったのか。いずれにしても深刻な事態を示す推計結果だったことには変わりない。

放医研にいた大町氏から投稿されたＰＤＦ文書には、推計に用いた他のデータも記されていた。放射線の感受性が高いとされる子どもの線量を見立てるためか、一歳児の被ばくを想定しており、呼吸で空気を体内に取り込む割合は「一日当たり三・八立方メートル」と仮定した。

大気中濃度を基に放医研が試算した結果

【1-2】約30km西北西　2011.3.21　11:10-11:30

核種	大気中濃度 (Bq/m³)	評価年齢	呼吸率 (m³/d)	実効線量係数(m Sv/Bq)	実効線量 (mSv/d)	甲状腺等価線量係数 (mSv/Bq)	甲状腺等価線量 (mSv/d)
I-131 (eleme	51	1	3.8	1.60E-04	3.10E-02	3.20E-03	6.20E-01
Cs-137 (Typ	9.1	成人M	22.8	4.60E-06	9.54E-04		

【1-5】約25km南走行測定　2011.3.21　13:00-13:40

核種	大気中濃度 (Bq/m³)	評価年齢	呼吸率 (m³/d)	実効線量係数(m Sv/Bq)	実効線量 (mSv/d)	甲状腺等価線量係数 (mSv/Bq)	甲状腺等価線量 (mSv/d)
I-131 (eleme	5600	1	3.8	1.60E-04	3.40E+00	3.20E-03	6.81E+01
Cs-137 (Typ	36	成人M	22.8	4.80E-06	3.78E-03		

【1-5】約25km南走行測定　2011.3.21　13:50-14:32

核種	大気中濃度 (Bq/m³)	評価年齢	呼吸率 (m³/d)	実効線量係数(m Sv/Bq)	実効線量 (mSv/d)	甲状腺等価線量係数 (mSv/Bq)	甲状腺等価線量 (mSv/d)
I-131 (eleme	3700	1	3.8	1.60E-04	2.25E+00	3.20E-03	4.50E+01
Cs-137 (Typ	22	成人M	22.8	4.60E-06	2.31E-03		

（手書き：1歳児）（手書き：68mSv（1日））

※情報開示請求で入手した文書に記載

体内に取り込んだ放射性ヨウ素の量から甲状腺等価線量を導く上では、「国際放射線防護委員会」（ICRP）という研究団体が示す換算式（線量換算係数）を用いたようで、ICRPが勧告書「Publication 71」で示す「体内に放射性ヨウ素を一ベクレル取り込んだ場合には〇・〇〇三二ミリシーベルトになる」という換算係数を使ったとみられる。

これらに沿って計算すると、「一立方メートル当たり五六〇〇ベクレル」という大気中濃度の場所に一日居続けた場合、体内に取り込む放射性ヨウ素の量は「大気中濃度×一日分の呼吸率」で二万一二八〇ベクレルとなり、さらにICRPの線量換算係数によって甲状腺等価線量は六八ミリシーベルトと算出したようだった。推計の過程を考えると、飲食で放射性ヨウ素を取り込んだ分は含んでいないようだ。逆に言えば、飲食による内部被ばくが加算されると、甲状腺等価線量はより大きくなると言えた。

その一方で、放医研の推計は複数の仮定を置いた暫定的な計算にすぎなかった。同じ大気中濃度が続くとも限らなかったし、住民が同じ場所に居続けるかも分からなかった。

ただ、そうした限界があってもインパクトがあったはずだ。具体的な場所で具体的な線量が見立てられたことで、切迫感が広がったはずだった。


似た推計は放医研以外でも行われていた。経産省のERCを拠点にした政府の原災本部のうち、住民の被ばくを扱う医療班が実施していた。保田氏がいた現地本部が前線基地のOFCで対応策を練る一方、原災本部は事故対応の中核として重要な判断を下す。それぞれに「総括班」「医療班」などの機能班が置かれ、各省庁の官僚らが集っていた。

政府の原災本部医療班は二二日午後五時半にまとめた文書で推計結果を記していた。文書は原安委あてになっており、回答も含めて原安委のウェブサイトのうち「原子力安全委員会において平成23年3月11日以降に行った助言等の活動について」で閲覧できた。

表題は「モニタリングデータに基づく放射性ヨウ素の線量評価について（要請）」。二〇日以降の大気中濃度を基に甲状腺等価線量を計算した結果、ある場所は二〇日だけで四六ミリシーベルト、別の場所は翌二一日だけで三九ミリシーベルトになると記されていた。具体的な場所の記載はなく、放医研が推計した値ともやや異なっていたが、この濃度の場所に三日いれば、やはり一〇〇ミリシーベルトを超えそうだった。

原災本部医療班は、計測された大気中濃度が「一時的なものであり持続しない可能性もあります」と断った上、原安委に住民対応の方針について助言を求めていた。

その一方、情報開示請求で入手した別の文書を見ると、事態を深刻に捉えた様子がありありと伝わる記述があった。

文書の作成名義は経産省原子力安全・保安院。原災本部の事務方で中核を担った組織だ。二二日に原安委へ助言を求めたのは一緒だが、原発の南二五キロで大気中濃度が一立方メートル当たり五六〇〇ベクレルという公表データに触れた上、「放射性ヨウ素によるリスクが高い20km以上、30kmにおいて屋内退避している40歳未満の者は30km以上への避難を速やかに行う必要があると考える」「特に、放射性ヨウ素の影響は年齢が低いほど大きいため、妊婦、授乳婦、新生児、生後1カ月以上3歳未満の幼児、3歳以上13歳未満の小児について、30km以上への避難を速やかに行う必要があると考える」と迫った。この局面で保安院名義の文書が作成された理由はよく分からなかったが、少なくとも広範な被害が具体的にイメージされ、避難範囲の拡大を求める声が強まったことがうかがえた。

その一方で、避難範囲の拡大には慎重論もあった。

政府の原災本部の中でも、自治体と連携して避難誘導を行う住民安全班は二一日、「周辺地域より比較的空間線量率が高い30㎞圏外の扱いについて」と題した文書を作成していた。あて先になっている原安委のウェブサイトで閲覧できた。「福島県及び現地オフサイトセンターから、別添の通り、標記について考えが示されています」とあり、別添文書を見ると「屋内退避や避難指示の区域を変更することは、地域住民に対する混乱が生じることが想定され、現在の状況も含めて総合的に勘案すると慎重に判断すべき」と記されていた。

表題にある空間線量は、「その場所にどれだけ放射線が飛んでいるか」を表す考え方だ。放射性物質の種類は問わない。一般的に外部被ばくを判断するために用いられる。一方、放射性ヨウ素による甲状腺内部被ばくの程度を大まかに見立てるには、空間線量ではなく、大気中濃度のデータが必要になる。

この時点では、第一原発の北西方向は三〇キロ圏外でも空間線量が高いと分かっていた。それでも原災本部住民安全班は二〇キロ圏だった避難区域の変更は「慎重に判断すべき」と考えていた。その理由については、空間線量の値が減少傾向にあることなどを挙げていた。

政府の原災本部も現地本部も、避難範囲の拡大が統一見解ではなかったようだ。助言役を担った原安委も、二二日の段階では拡大に慎重だった。

原災本部医療班による前出の「要請」に対する回答では、「一立方メートル当たり五六〇〇ベクレル」が計測された第一原発の南二五キロは「広野町広野駅付近」で、二一日の計測時は「放射能プルームが南方向に流れていた」と見立てていた。「放射能プルーム」は、気体状の放射性物質などを多く含む空気の一団を指す。原安委はプルームが通過した際の一時的な値にすぎないとして「避難区域及び屋内退避区域を変更する必要はないものと考える」と書き記していた。

しかし翌二三日、原安委はSPEEDIの推計結果を得ると態度を大きく変えたようだった。

二〇キロ圏外の状況把握

先に触れた通り、SPEEDIは原子炉内のデータから放射性物質の放出量や各地の大気中濃度を割り出すとともに、甲状腺等価線量も導く仕組みになっていた。しかし政府事故調の中間報告の「V　福島第一原子力発電所における事故に対し主として発電所外でなされた事故対処」によれば、福島原発事故では地震に伴う外部電源喪失で原子炉のデータが得られず、甲状腺等価線量を推計できなくなった。

その一方で事故から時間がたつにつれ、モニタリングによって各地の大気中濃度のデータがつかめるようになった。三月二二日以降は文科省がそれらのデータを公表した。

原安委は、モニタリングで得た数カ所分の大気中濃度を基に原発から放射性物質がどれだけ放出されたか逆算することにした。事故後の風向き、地形などを踏まえて放出量を算出すると、改めて各地の大気中濃度をシミュレーションし、甲状腺等価線量を推計した。

結果が出たのが二三日午前九時。一〇〇ミリシーベルト以上と推計された地域は主に第一原発の北西や南の方向に広がり、五〇キロ離れた場所まで伸びていた。二〇キロ圏だった避難区域を越えていた。既に政府の原災本部医療班や放医研はモニタリングで得た大気中濃度を基に「第一原発の南二五キロ」など特定地域の線量を導いていたが、SPEEDIを使った原安委の推計結果は一〇〇ミリシーベルト以上の地域がどこか、ひと目で分かるよう図示した。事故の被害が可視化された。

政府事故調の中間報告などによれば、原安委の班目《まだらめ》春樹委員長や久住《くすみ》静代委員はこの日、S

PEEDIの推計結果を携えて首相だった菅直人《かんなおと》氏らと官邸で面会し、内閣官房参与だった東京大教授の小佐古敏荘《こさことしそう》氏らを交えて対応を協議した。当時の状況は官房長官の枝野幸男氏、官房副長官の福山哲郎氏に対して政府事故調が行ったヒアリング記録が詳しい。いずれも内閣府のウェブサイトで公表されている。

原安委の班目氏や久住氏が首相の菅氏と会ったのは二三日の午後二時半ごろ。枝野氏や福山氏も同席したようだ。原安委の二人はSPEEDIの推計結果を基に、第一原発の二〇キロ圏だった避難区域を見直すよう訴えたという。

情報開示請求で得た文書の中には、原安委の内部で検討された様子がうかがえる記述があった。放医研が持っていた「連絡票」に書かれていた。送信者は「NSCにいる神田TL」。NSCは原安委の英語略称なので、原安委に派遣された放医研職員の一人が送った文書とみられる。ここでは「3/23（水）12：30」という日時とともに「現在、政府内では退避/避難地域の拡大を検討している。いわき市域をどうするかが議論のポイントの様だ」と記されていた。福島県いわき市は原発から南に三〇キロ弱の距離にある。三月一五日には第一原発の二〇〜三〇キロ圏が屋内退避区域だったため、市域の一部が含まれた。当時の人口は三五万人近く。福島県内の市町村で最も人口が多い都市に避難を求めるか、検討されていたようだった。

しかし、原安委側の訴えは押し返された。

福山氏のヒアリング記録によると、SPEEDIの推計結果には官邸側から疑問の声が上がった。「どれだけ放射性物質が放出されたか」を導く上で大気中濃度のデータが用いられたが、そのサンプル数が少ないため、精度が問題視された。特に内閣官房参与の小佐古氏は原安委の二人に厳しい言葉を向けたようで、「何馬鹿なことを言っているのだ」「素人は困る」という趣旨の発言をした。

結果的に議論は折り合いが付かなくなった。福山氏は政府事故調のヒアリングに対し、「小佐古先生の声が大きくなって、お互いがけんかをし出します」「総理がもういいと、そちらはそちらで専門家でやってくれという話になって」と説明していた。

官邸で行った議論の行く末は、政府事故調の最終報告が記している。「直ちに避難範囲を拡大せず、まず、小児甲状腺被ばく調査を行い実測値で確認することとされた」という。二三日の夜には、原安委がSPEEDIの推計結果を公表した。二四〜三〇日に政府の現地本部医療班が主体になって甲状腺被ばく測定が行われた。

一連の経過を改めて振り返ってみる。

「NSCの神田TL」からの連絡票

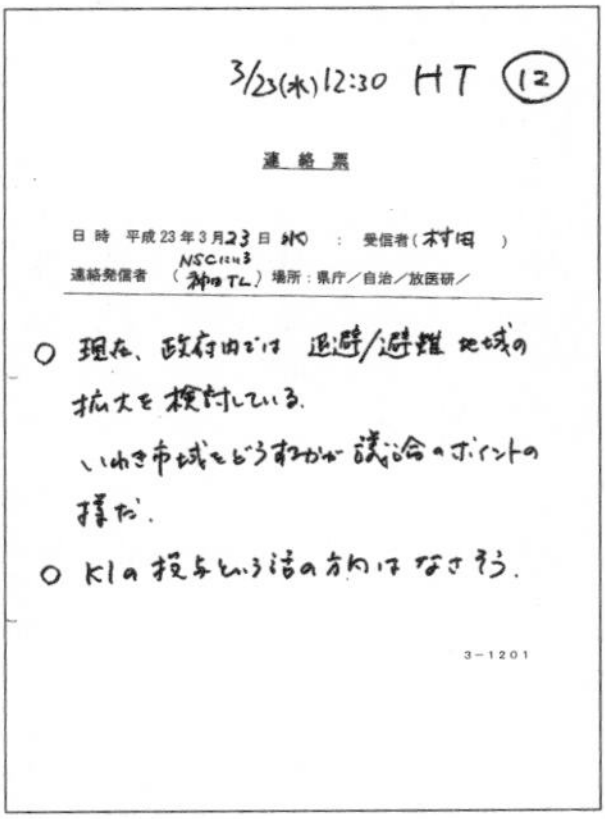

3/23(水)12:30 HT ⑫

連絡票

日時　平成23年3月23日 (水)　：　受信者（村田　）

連絡発信者　（NSCにいる 神田TL）場所：県庁／自治／放医研／

○ 現在、政府内では 退避/避難 地域の拡大を検討している。
いわき市域をどうするかが議論のポイントの様だ。

○ KIの投与という話の方向はなさそう。

3－1201

広域的な避難を促す原子力安全・保安院の文書

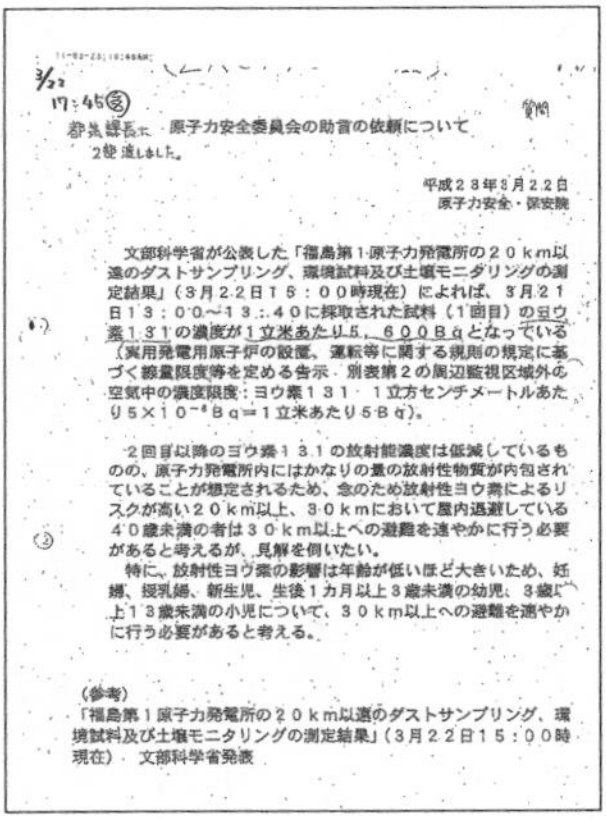

3/22 17:45

原子力安全委員会の助言の依頼について

2部渡しました。

平成23年3月22日
原子力安全・保安院

文部科学省が公表した「福島第1原子力発電所の20km以遠のダストサンプリング、環境試料及び土壌モニタリングの測定結果」（3月22日15：00時現在）によれば、3月21日13：00～13：40に採取された試料（1回目）のヨウ素131の濃度が1立米あたり5，600Bqとなっている（実用発電用原子炉の設置、運転等に関する規則の規定に基づく線量限度等を定める告示 別表第2の周辺監視区域外の空気中の濃度限度：ヨウ素131　1立方センチメートルあたり5×10⁻⁶Bq＝1立米あたり5Bq）。

2回目以降のヨウ素131の放射能濃度は低減しているものの、原子力発電所内にはかなりの量の放射性物質が内包されていることが想定されるため、念のため放射性ヨウ素によるリスクが高い20km以上、30kmにおいて屋内退避している40歳未満の者は30km以上への避難を速やかに行う必要があると考えるが、見解を伺いたい。

特に、放射性ヨウ素の影響は年齢が低いほど大きいため、妊婦、授乳婦、新生児、生後1カ月以上3歳未満の幼児、3歳以上13歳未満の小児について、30km以上への避難を速やかに行う必要があると考える。

（参考）
「福島第1原子力発電所の20km以遠のダストサンプリング、環境試料及び土壌モニタリングの測定結果」（3月22日15：00時現在）　文部科学省発表

※ともに情報開示請求で入手

政府の現地本部医療班の保田氏や立崎氏は放射性ヨウ素のデータが乏しい中でも広範な汚染拡散を懸念し、第一原発の二〇キロ圏だった避難区域の外側でも避難が必要かどうか検討していた。二二日には放射性ヨウ素の大気中濃度のデータが公表されだし、政府の原災本部医療班や放医研は、原発の南二五キロでもかなりの甲状腺等価線量になると推計した。原災本部の事務方の中核を務める保安院は、屋内退避区域だった二〇〜三〇キロ圏の住民も避難させるべきだと考え、原安委に対して専門的な立場からの見解を求めた。

原安委は二三日にSPEEDIの推計

結果を得た。二四日までの甲状腺等価線量を推計した結果、一〇〇ミリシーベルト以上の地域は主に第一原発の北西や南に広がり、五〇キロ離れた場所まで伸びていた。原安委は、二〇キロ圏だった避難区域の拡大を官邸に提言したが、推計の精度が問題視されたため、二四日以降に甲状腺被ばく測定を行い、実際の被ばくの状況を確認することになった。

測定が始まる直前の焦点は「二〇キロ圏だった避難区域を広げるかどうか」だった。そんな中で出てきたのが甲状腺被ばく測定だった。二〇キロ圏外でも避難が必要なほど高値か確認するため、実際に子どもたちを測ることになったのではないか。つまり測定の目的は、二〇キロ圏外の状況を把握することだったと読み解くことができる。避難区域の外側の二〇キロ圏外で甲状腺内部被ばくの程度を調べ、避難が必要かどうかの判断材料にしたかったのだろう。

保田氏はSPEEDIの推計結果が出た時の胸中をこう振り返った。

「『やっぱり一〇〇ミリシーベルトを超えてるじゃん』って思いました。図示されたインパクトは強かったですよね」

二四日からは現地本部医療班が主体となって甲状腺被ばく測定が実施された。保田氏はそのころに班長に就いたという。測定の目的はやはり、二〇キロ圏外の状況把握のため、二〇キロ圏外の避難を検討するためと理解していた。

「甲状腺のレベルを測り、線量が高いと分かればすぐにでも避難させて付加的な被ばくを防ぐ。一〇〇ミリシーベルトを超えた人はそれ以上、放射性ヨウ素を吸わせないということだったと思います。高くなければ、そこに住んでもいいと判断する。測定結果はそう使われると受け止めていました」

遠方も近傍も足らず

本章の冒頭で甲状腺被ばく測定に関する四つの疑問を挙げた。

一つ目は「政府は甲状腺被ばく測定で何を調べようとしたのか」。これに関してはおおむね明らかにすることができた。政府の現地本部や原災本部、原安委が測定前に強く意識していたのは第一原発の二〇キロ圏だった避難区域の見直しで、政府の甲状腺被ばく測定は二〇キロ圏外の状況を把握するために実施した、と読み解くことができた。実際に子どもたちを測ってみて、甲状腺等価線量で一〇〇ミリシーベルトに達するような人がいたら、さらなる被ばくを防ぐために避難させるということだった。

つまり測定の目的は「二〇キロ圏だった避難区域の変更を検討するための材料集め」「二〇

キロ圏外の状況把握」だったようだ。ただそうだとしても、他の三つの疑問に関しては、さらなる解明が必要だった。

二つ目は「測定の対象として第一原発から北西や南に三〇キロ以上離れた地域を選んだのはなぜか」。おおよそ見当が付いた部分とよく分からない部分があった。

実際の測定は第一原発から三五～四五キロ離れた五カ所で行われた。うち四カ所が原発の北西方向、一カ所が南方向だった。測定対象が第一原発の「北西」や「南」の地域というのは、SPEEDIの推計結果を意識した結果だったようだ。

各所で避難区域見直しの声が高まる中、原安委は三月二三日にSPEEDIの推計結果を得た。甲状腺等価線量が一〇〇ミリシーベルト以上の地域は主に第一原発の北西や南の方向に広がり、五〇キロ離れた場所まで伸びていた。原安委の班目委員長らはこの推計結果を携えて官邸へ赴き、二〇キロ圏だった避難区域の見直しが必要だと訴えた。

官邸側が推計の精度を問題視したため、甲状腺被ばく測定によって二〇キロ圏外の状況把握を行うようになったわけだが、やはり一連の経緯を踏まえると、二〇キロ圏外の中でもSPEEDIで高線量とされた「北西」や「南」の状況を確認することになったと言えそうだった。

一方でよく分からないのが、「測定対象として三〇キロ圏外を選んだ」という点だった。二〇キロ圏外の状況把握を目的にした甲状腺被ばく測定はＳＰＥＥＤＩの推計結果を踏まえ、第一原発の北西や南の方向で行ったようだが、実際に測定した場所は三〇キロ以上離れた地域で、その地域の子どもばかりを測ったようだった。二〇～三〇キロ圏では行わなかった。原発からより離れた場所で測定を実施したのはなぜか。

放射性物質は風に乗って飛散する。風下地域でも汚染源の原発に近いほど放射性物質が多く降り注ぎ、その地域に居続ければ多く被ばくすると思えた。ＳＰＥＥＤＩの推計でも、原発の北西や南は原発から二〇キロほどの距離まで五〇〇ミリシーベルト以上の地域があり、その外側に一〇〇ミリシーベルト以上の地域があった。普通なら、二〇～三〇キロ圏の方が三〇キロ圏外よりも線量が高く、避難の必要性が高いと考え、甲状腺被ばく測定を行おうとするのではないか。そうしなかったのはなぜか。

三つ目の「多くの地域の人たちを測定しなかったのはなぜか」もよく分からないままだった。

一人一人の甲状腺内部被ばくの程度は、実際に測ってみないと分からない。モニタリングで得た大気中濃度を使って甲状腺等価線量を推計する場合、いくつかの仮定を置かなければならず、手早く被ばくの程度を見立てることはできても、少なくない誤差が生じうる。

本章の「水面下の避難拡大論」では、モニタリングで得られた大気中濃度のデータ「第一原発の南二五キロで一立方メートル当たり五六〇〇ベクレル」を基に放医研が推計した結果を紹介した。推計でカギになったのが、「呼吸によってどれだけ空気を体内に取り込むか」という点だった。放医研はこの呼吸率を「一歳児なら一日当たり三・八立方メートル」と仮定した上、「一立方メートル当たり五六〇〇ベクレル」という大気中濃度の場所に一歳児が一日中居続けた場合、甲状腺等価線量が六八ミリシーベルトになると算出した。

放医研は、体内に取り込んだ放射性ヨウ素の量から甲状腺等価線量を算出する際、ICRPが勧告書「Publication 71」で示す線量換算係数を使ったようだ。ただ、この勧告書で書かれている「一歳児の呼吸率は一日当たり五・一六立方メートル」は採用しなかった。ICRPの呼吸率に基づいて同じように計算すると、甲状腺等価線量は九二ミリシーベルトになった。

これらの計算から言えるのは、仮定の置き方次第で線量が大きく変わるということだった。SPEEDIによる推計も同じことが言えるだろう。呼吸率のみならず、誰がどこに何時間いたかという部分は、記憶頼みになるか、「おそらくこうだろう」という仮定を置かざるを得ない。仮定に仮定が重なった計算は、実際の線量と乖離しやすくなる。

推計にはやはり限界がある。だからこそ一人一人を測定することに意味がある。しかし政府の測定は、第一原発から北西に三五～四五キロ、南に四五キロ離れた場所で実施しただけだった。それらの地域の子どもばかりを測ったようだった。

放射性ヨウ素の半減期は八日と短く、既に消えてしまったため、今から改めて測ることはできない。他地域の人たちの線量は、モニタリングで得た大気中濃度のデータなどから推計せざるを得ない。少なくない誤差が生じる。それは分かりきっていたはずだ。

放射性物質が広範に飛散したことを考えると、より多くの地域で網羅的に測るべきだったのではないか。第一原発の北西や南以外の方角、四五キロ以上離れた場所でも実施すべきだったのではないか。網羅的に測定しなかったのはなぜだったのか。

四つ目の疑問も残り続けていた。「原発近くから避難した人たちを測らずに済ませたのはなぜか」という点だ。一二日の爆発時には第一原発から北西三キロの双葉町役場周辺に住民らが残っていた。放医研も一三日に「双葉地区住民はハイリスク群」と見立てていた。これらの情報が共有されていなくても、原発近くからの逃げ遅れは容易に想像できたはずだ。汚染源となる原発の近くにいれば、大量の放射性ヨウ素にさらされやすいとも言える。それなのになぜ、事故が起きたころに原発近くにいた人を探し出して測ろうとしなかったのか。

班長が深刻視しても

よく分からないと言えば、もう一つあった。

三月二四日からの甲状腺被ばく測定は、政府の現地本部医療班が主体となって行われた。測定を始めたころ、放医研の保田氏は班長を務めていたという。本章で何度も触れたように、保田氏は広範な放射能汚染を懸念し、二〇キロ圏だった避難区域の見直しについて協議していた。そして、大規模な測定が必要だと考えていた。推計の限界もよく知っていた。彼の言葉を改めて記す。

「数万人規模の測定が頭にはありました。チェルノブイリ並みということです」

保田氏がそう考えていたのに、政府の測定は一部の地域で一〇八〇人を調べるだけで終わった。一体、何が起きていたのか。

結論から言えば、保田氏はそれほど深く政府の測定に関与できなかった。その痕跡は、放医研の電子掲示板に残っていた。

そもそも保田氏は警戒されていたようだった。

先述のように、測定が始まる三日前の三月二一日午後九時四七分、保田氏は山下俊一氏絡みの投稿をしていた。ここでは「本件については、原安委に助言を求めることを念頭に、対応を検討します。アドバイスなどあればぜひお願いします」ともつづっていた。

同じ日の午後一〇時二三分、千葉の放医研にいた浜野毅《つよし》氏が返信の書き込みをした。「保田様　この件、所内でコンセンサスがとれているものではないので保留するように、との明石センター長からの指示がございました」と投稿していた。

「明石センター長」は、放医研の緊急被ばく医療研究センター長だった明石真言《まこと》氏のことだろう。情報開示請求で得た放医研の体制表を見ると、福島原発事故の対策本部では「本部長補佐」とされ、本部長の米倉義晴理事長に次ぐ役職に就いていた。積極的に子どもたちを守ろうとした保田氏に対し、「軽々しく動かないように」と釘《くぎ》を刺したようだった。

保田氏は二一日の段階で現地本部医療班の班長代理だった。班長は同じく放医研から派遣された立崎英夫氏。立崎氏が数日間の派遣期間を終えて千葉の放医研に向かった後、保田氏が班長に就いたという。電子掲示板によれば、政府の測定が始まる直前の二四日午前〇時一〇分、立崎氏は千葉の放医研に到着していた。後を継いだ保田氏は同日午前〇時九分、こんな投稿を

仕切りは富永氏と記した投稿

保田　浩志 (OFC医療班(県庁5階))	2011/03/24 00:09 大町　様: ヨウ素剤の配布もペンディングです。市町村へは配布済み。 内堀ミッションについてはこちらには情報が入ってきていません。宮後さんらはよく知っているようなので、調整本部マターと認識しています。 明日実施予定の小児甲状腺の線量計測については、富永さんが仕切ってくれています。原安委から文科省を通して放医研が受けたと聞きましたが、メンバーを確認したところ、東大や京大の先生から成る「核物理チーム」が中心になるようです。子供が怖がらなければよいのですが。

※放医研の電子掲示板に記載

していた。

「小児甲状腺の線量計測については、富永さんが仕切ってくれています」

甲状腺被ばく測定は現地本部医療班が担った。仕切り役として書かれていたのは保田氏ではなく、「富永さん」だった。保田氏によれば放医研の医師、富永隆子氏だという。これをどう考えたらいいのか。「保田外し」が行われたのだろうか。

第三章　早々と終えた理屈

交錯した思惑

政府の甲状腺被ばく測定は二〇一一年三月二四日から始まった。測定を担ったのは政府の現地本部医療班だった。数万人測定の構想を持っていた放医研の保田氏が班長だったようだが、測定の仕切り役は別の専門家が担った。同じく放医研から医療班に派遣されていた医師の富永隆子氏だったという。なぜ「班長」と「仕切り役」が別なのか。保田氏は当時の指揮系統をこう説明した。

「当時は本来のラインと文科省のラインが並行して走っていたんですよ」

本来のラインは「原災本部―現地本部」の指揮系統を指す。ともに原子力災害対策特別措置法に基づく組織で、政府の原災本部は事故対応の中核、現地本部は前線で対応策を練る役回りだ。政府の原子力災害対策マニュアルによれば、原災本部も現地本部も「総括班」「医療班」「住民安全班」などを設けることになっていた。経産省の官僚を中心にした構成で、原災本部の事務局も同省内の緊急時対応センター（ＥＲＣ）に置く想定だった。

避難やモニタリングといった事故対応の方針は、原災本部と現地本部が協議しながら決め、現地本部が実動を担うことになっていた。甲状腺被ばく測定もその形を取ると思われたが、実際には文部科学省も深く関与していたという。

保田氏は「原災本部―現地本部」という本来の指揮系統の下で自身が動いていたと述べた一方、「文科省が放医研を通して現地本部に働きかけてきた」「放医研にいた明石センター長が現地本部の富永先生に指示を出していた」と証言した。

「明石センター長」は、放医研の事故対応でナンバー2だった明石真言氏。保田氏に対して慎重に動くように働きかけていた人物だ。富永氏は測定の仕切り役を担った。つまり測定を始めるころには、「原災本部―現地本部」という本来の対応ラインがあった一方で、甲状腺被ばく測定に関しては「文科省―放医研―現地本部」という指示系統もあり、そのラインにいた富永氏が測定の仕切り役を務めたようだった。


文科省は教育分野のイメージが強いが、甲状腺被ばく測定に関わるのは当然とも思えた。

そもそも文科省は、原子力と関係が深い。二〇〇一年の中央省庁再編に伴い、文部省と科学技術庁が統合して誕生したが、科学技術庁は一九五六年の発足当初、原子力基本法に基づいて設置された原子力委員会の事務局を任された組織で、原発推進の旗振り役とも言えた。その名残から、新たにできた文科省も原子力を扱い、高速増殖原型炉「もんじゅ」を所管した。

事故対応でも、文科省は重要な役回りを担っていた。政府の原子力災害対策マニュアルでは、モニタリングやSPEEDIを所管すると規定された。放射能汚染の把握が文科省の役割だった。その点を考えると、甲状腺被ばく測定も近接領域と言えた。

福島原発事故では、省内の非常災害対策センター（EOC）で対応を協議したほか、経産省内のERCに事務局を置いた原災本部、福島県庁五階のOFCを拠点とした現地本部に職員を出した。それだけではない。文科省は放医研などの研究機関や大学を所管していたため、福島に応援部隊を派遣するよう各大学に依頼した。応援部隊が集まったのが、前章でも触れた県庁西隣にある県自治会館四階の「緊急被ばく医療調整本部」（調整本部）。第一章で登場した徳島大の二人も朝晩は調整本部で指示を受け、避難者らを対象にした体表面汚染測定（スクリーニング）を手伝った。

文科省は福島原発事故の対応で不信感を抱かれた組織でもあった。

三月一一日の震災発生後、放射能汚染の状況を迅速につかむため、文科省はいち早くモニタリングを準備する必要があった。しかし政府事故調の中間報告や最終報告によると、モニタリングのための機能を備えた車「モニタリングカー」の派遣を指示したのは丸一日が過ぎた一二日夕方以降だった。空からの航空機モニタリングも検討したが、一二日昼に自衛隊のヘリコプターが青森県内の合流地点に着いても文科省が派遣した職員がおらず、測定が見送られた。同省が上空から広域的に測定したのは二五日になってからだった。

もう一つある。ＳＰＥＥＤＩを巡る問題だ。

前章の「ＳＰＥＥＤＩと四つの疑問」でも触れた通り、事故直後は原子炉内のデータが得られなかったため、放射性物質の放出量を見立てることができず、ＳＰＥＥＤＩによる甲状腺等価線量の推計ができなかった。ただ風向きや地形などを踏まえ、放射性物質がどの方角に拡散したかを見立てることはできたため、文科省はモニタリングを行う際に活用した。具体的な取り組みは、同省が事故後にまとめた報告書「東日本大震災からの復旧・復興に関する文部科学省の取組についての検証結果のまとめ（第二次報告書）」が詳しい。これによると、ＳＰＥＥＤＩの推計結果を基に三月一五日夜、第一原発から北西二〇キロ付近で空間線量を調べたところ、毎時三三〇マイクロシーベルトを観測した。平常時の空間線量の一万倍近い値だ。

つまりＳＰＥＥＤＩを活用し、放射性物質が拡散した方角を見立てた上、その通りに汚染が多い場所を見つけることができたわけだが、文科省は一六日に不可解な行動に出た。

政府事故調の最終報告によれば、文科省は「ＳＰＥＥＤＩは原安委が運用すべきである」と判断した上、その旨を原安委に告げ、ＳＰＥＥＤＩを操作する全職員を原安委に行かせてしまった。多く汚染した場所を探す上でSPEEDIが役立ったのに文科省は手放してしまった。そう判断した理由はよく分からないが、モニタリングの初動が遅かった点も含め、文科省は放射能汚染の全体像を積極的につかもうとはしていなかったように思える。

その文科省は甲状腺被ばく測定にどう関与したのか。「文科省のライン」において「測定の仕切り役」を担った富永氏には、放医研を通じて取材を申し込んだ。しかし「外勤、セミナー等で業務多忙で調整は困難」という理由から応じてもらえなかった。

ただ富永氏は、測定開始からまもない時期に現地本部を離れたようだった。情報開示請求で得た放医研職員の派遣記録などを見ると、富永氏は測定初日の二四日夕には福島県立医科大に向かい、第一原発で被ばくした作業員の対応に当たったようだった。福島への派遣期間は二六日まで。甲状腺被ばく測定の最終日は三〇日だから、仕切り役は途中で降りたことになる。「本来のライン」の保田氏は何か事情を知っているのか。

三月二三日に原安委が官邸と協議した結果、甲状腺被ばく測定を行うことになった。測定初日の会場は、川俣町山木屋出張所と町保健センターの二カ所だった。ともに第一原発の北西方向にあり、出張所は三五キロ、センターは四五キロの距離になる。

保田氏は準備段階でどう関わったのか。

「県庁の担当者と相談しましたね。川俣町の担当者もいたのかな。こういう測定の手順で、と話し合った覚えがありますね。川俣の方に連絡して、子どもを集めてもらって、核物理チームに行ってもらいました。核物理チームというのは、大阪大などの先生たちのグループです」

政府の測定は二〇キロ圏外の状況把握が目的だったようだが、なぜ三〇キロ圏外で測ったのか。誰が測定する地域を決めたのか。

「そこが分からないんですよ。現地本部で県庁とか自治体とかと交渉していたのは総括班なんで、最終的に決めたのは総括班になるんですかね。モニタリングのデータは文科省が持っていたので、そのデータを基に判断したんだと思いますけど」

「本来のライン」と「文科省のライン」が交錯する中、保田氏でも意思決定のプロセスは十分つかめていなかった。どこが責任を持って測定するのか確認するため、保田氏は二四日に川俣町で測定が始まったころ、文科省に電話したという。

「最初に混乱したんで。現地本部は現地本部で、医療班が仕切るというスタンスだったけど、文科省の方は放医研を通してくるし。データが取れだしたころに文科省に電話して、医療班の仕事ということで理解してもらったんです」

二五日には初日の結果が発表された。報道対応は保田氏が担った。ただ同氏も福島への派遣期間は二六日までだった。派遣要員は数日で交代するのが通例で、その例に漏れなかった。

どの組織が測定を主導したのか知りたかったが、それよりもまず解明したかったことがある。測定対象にまつわる疑問だ。「二〇キロ圏外の状況把握」が測定の目的だったようだが、なぜ三〇キロ圏外で測ったのか。この測定に続けて、網羅的な測定も行うべきだったのに、なぜ実施しなかったのか。原発近くからの逃げ遅れは容易に想像できたのに、なぜ逃げ遅れの可能性がある人たちを測らずに済ませたのか。

取材を進める手掛かりはあった。放医研に対する情報開示請求で入手した現地本部医療班の名簿だった。ほぼ毎日更新されていたようで、氏名や所属、担当分野の欄があったほか、各分野の責任者には「●」が付けられていた。測定最終日の三〇日分を見ると、担当分野の欄で「●小児甲状腺調査」となっている班員、つまり医療班の中で甲状腺被ばく測定の責任者に就いていた人物がいた。文科省の牧《まき》慎一郎氏だった。同様に情報開示請求で入手した文科省の派遣記録を見ると、牧氏が現地入りした期間は三月二五日から三〇日までとなっていた。

彼なら事情をよく知っているのではないか。

政府の現地本部医療班の名簿

医療班分担表

23. 3. 30

［担当者が変更した場合は更新し全員へ配布］

役	名前（※当直）	所属	携帯番号	担当 ● 責任者
班長	椎葉 茂樹 ※	厚生労働省	[redacted]	総括
班長代理	立崎 英夫 ※	放医研		班長補佐
	後藤 謙和 ※	厚生労働省		●多数傷病者対応、避難指示が変更された際のスクリーニング対応
	鶴田 真也 ※	厚生労働省		厚労省との連絡調整、多数傷病者対応関係
	牧 慎一郎	文部科学省		●小児甲状腺調査、文科省との連絡調整
	大町 康 ※	放医研		●班会議・全体会議・報道発表資料の作成、小児甲状腺調査、放医研との連絡調整
	小藤 昌志 ※	放医研		多数傷病者対応、被ばく傷病者のデータベース作成
	横塚 哲也 ※	放医研		電話対応、資料作成、資料送受信
	[redacted]	東京電力福島第2		●関係機関との定時連絡、多数傷病者対応、東京電力との連絡調整
本部顧問	[redacted]	近畿大学		被ばく医療のアドバイザー
	岩崎 泰昌	広島大学	レッジ内	J ビレッジ総括補佐
	鈴木 貴利	福島県相双保健福祉事務所		●分担表の管理、事務関係、資料管理・作成補助

定例会議などの予定
- 班長会議　10時
- 班内会議　10時30分
- 全体会議　13時30分
- スクリーニング会議（自治会館）8時　20時
- 多数傷病者対応打合せ　17時30分（随時）
- 関係機関との定時連絡（医療班、DMAT、県立医大、放医研、J ビレッジ）午前中にFAXで情報共有

当直　厚労省と放医研とがペアとなり当直する。　（負担にならないように調整）
①22時～3時　2名
②3時～8時　2名

緊急時対応
当直者が班長以下全員に連絡し、30分以内にセンターに集合。

全員：ポケット線量計装着
外出時：マスクと帽子を着用
主なカウンターパート
- 田代先生（広島大）[redacted]
- 近藤先生（DMAT事務局次長）
- 谷川先生（広島大）
- [redacted]先生（救急学会）J ビレッジ総括医師
[redacted] Jビレッジ内
- 島田先生（県立医大）
- 熊谷先生（長崎大→県立医大）[redacted]

健康管理（班長）
毎日の班員の健康状況、食事摂取・睡眠の状況を確認
引継ぎ文書の作成
交代する場合は、引継ぎ文書を作成し後任者へ引き継ぐ

※情報開示請求で入手

牧氏は政府事故調のヒアリングを受けており、その記録が内閣府のウェブサイトで公表されていた。文科省科学技術政策研究所の企画課長だった牧氏は二五～三〇日に政府の現地本部医療班に派遣され、「子供の甲状腺被ばく調査の現地アレンジを実施していた」とあった。「現地の調整役」ということだろう。情報開示請求で得た名簿や派遣記録の内容とほぼ一致していた。

牧氏に取材を申し込む前、現在の所属などを確認するために検索サイトで氏名を入力してみた。目に付いたのが大阪大のウェブサイトだった。

卒業生の活躍ぶりを取り上げるページで牧

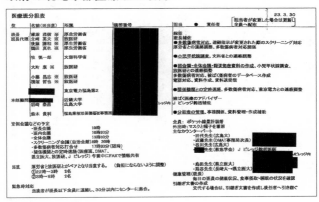

氏が登場していた。「基礎工学研究科出身」「俗に言うキャリア官僚として科学技術庁に入庁」「東日本大震災では、文科省の原子力支援本部のメンバー」と記されている。ただ、既に文科省を辞めており、関西の動物園の園長に転身したと書いてあった。牧氏は幼いころから動物好きで、動物マニアが競うテレビのバラエティー番組にも出演したことがあると記されていた。

勤め先の動物園に電話を入れ、牧氏につないでもらった。「一度お会いして、文科省の官僚として事故対応に当たった際のことをうかがいたい」と取材を申し込むと、牧氏は「どういう件か聞かないことにはお話しできない」と警戒を強めていた。

「悪事を暴くんでしょ。隠し球、メールで送ってください。全然違う分野に転職しているし、もう縁遠いとこにいます。足抜けしたのに、ヤクザ時代の話ですか。ヤクザは言い過ぎか。動物園にも迷惑かかるし、取材を受けません」

かつて牧氏がいた霞が関や原子力業界はヤクザの世界か、と思いつつ、「甲状腺被ばく測定の話なんですが……」「ヒアリング記録に書かれている内容だけ……」と根気強く水を向けると、電話口で何とか応じてくれた。

「時間なく」と「絞り込み」

牧氏に電話する前、事実関係と疑問点を改めて整理したほか、政府事故調が牧氏に行ったヒアリングの記録を読み込んでおいた。どのような考えに基づいて測定対象を選んだか、牧氏は証言していた。具体的には次の通りになる。

「SPEEDI結果では、福島第一原発から北西及び南方向に高い数値が推定されているが、このうち、20㎞圏内は避難指示が、30㎞圏内は屋内退避指示が出ていたことや、広範なエリアに対して、対象となる人探しをしている時間はない（放射性ヨウ素の半減期は一週間程度であることから、早期に調査しなければ、正確な被ばく線量が計測できない）ことから、甲状腺調査は30㎞圏外に絞ることになり、いわき市、川俣町及び飯舘村で調査をすることになった」「当時の文科省によるモニタリングデータからは、飯舘村の環境放射線量が高いことが分かっていた」「飯舘村の調査を最本命として計画を立てた」

牧氏には、いくつか確認したいことがあった。最も気になったのは「調査は30㎞圏外に絞ることになり」という部分だ。なぜ「絞る」という作業が必要だったのか。絞り込みが必要だったとしても、なぜ三〇キロ圏外を測定対象に選んだのか。「飯舘村が最本命」という点も引っかかった。飯舘村の大半は三〇キロ圏外に位置していたが、「最本命」とはどういう意味だったのか。「最本命」を調べると何が分かると考えたのか。

他にもある。「人探しをしている時間がない」という点だった。「人探し」とは、どういうことなのか。特定の誰かを探すことなのか。特定の誰かとは、どんな人を指しているのか。そもそも「時間がない」という理由も何だったのだろうか。

三〇日で測定を終えた理由は記されていなかった。なぜこの日で終えたのか。測定を続けて、網羅的に被ばくの状況を調べようとしなかったのはなぜなのか。第一原発に近い地域から避難した人はほとんど測っていない。彼らを測らずに済ませた理由も何だったのか。

電話口の牧氏にはまず、自身がなぜ測定に携わるようになったのか尋ねた。「たまたま。現地本部は日替わりでメンバーが入れ替わっていた。文科がやる理由はない」と答えた。

現地本部医療班の名簿では、牧氏が測定の責任者になっていた。なぜ重要な役回りを任されたのか聞くと、「僕は役人だから調整担当はできる。多少、放射線のことは分かっていたし。前に規制の仕事をしていて、研究所の予算を取ったりもしていた」と応じた。

測定対象の設定に携わったことは認めた。

「SPEEDIの結果を見ながらモニタリング部隊が測ったデータも見ながらやりました。測定する会場も必死に探しましたよ。広島大の先生と一緒に現地を回りましたから」

二〇キロ圏外の状況把握を進める上ではやはり、SPEEDIの推計結果を活用していた。各地のモニタリングを通じ、大気中濃度や空間線量のデータが集まりだしていたようで、それも判断材料にしたということだった。

ヒアリング記録によれば、測定対象を決める上で絞り込みを行った。それはなぜだったのか。

「時間との勝負でしたから。半減期がありますから。事故が起きてからもう二週間ぐらいたっていた。その瞬間にすぐやらないと分からなくなる。使える人的資源は、その場にいたメンバーだけ。ヨウ素じゃなきゃもっと測ることができるけど、あの時は無理でしたよ」

繰り返し説明してきたが、甲状腺内部被ばくは、放射性ヨウ素が甲状腺に集まることによってもたらされる。通常は甲状腺があるのどに測定器を当て、計測した放射線の状況から甲状腺に集まった放射性ヨウ素の量を導き、甲状腺内部被ばくの程度をつかむ。

ただ放射性ヨウ素は、量が半分になる「半減期」が八日と短い。時間がたつにつれ、甲状腺に集まった放射性ヨウ素は量が減る。半減期を何度も迎えるとゼロになる。それまでに放射性ヨウ素の量を測らないと、実際に放射性ヨウ素を体内に取り込んだのか、被ばくの程度がどれだけだったのか、分からなくなってしまう。

電話口の牧氏は「時間との勝負」「その瞬間にすぐやらないと分からなくなる」と述べてい

た。測定を始めたころ、既に放射性ヨウ素の量がゼロに近く、測定できる時間がほとんどなかったという趣旨だった。だからこそ、測定対象を絞らざるを得なかったという。

牧氏のヒアリング記録には「調査は30㎞圏外に絞ることになり」と記されていた。なぜ三〇キロ圏外を対象に選んだのか、改めて牧氏に尋ねた。

「国の指示で二〇キロ圏は避難した。二〇キロから三〇キロ圏は屋内退避をした。両方とも放射性物質に接触しない手立てを取っていた。でも三〇キロ圏外は、そのエリアで住んでいる環境が一番のリスクになる。線量が高くなるのは三〇キロ圏外と考えた」

対象の絞り込みは「どの地域が最も線量が高いか」という視点で行い、「無防備な三〇キロ圏外が一番リスクは高い」「最も線量が高い地域で測る」と判断していた。

実際の測定は、第一原発から北西に三五～四五キロ離れた四カ所と南に四五キロの一カ所で行った。北西方向で測定場所となった自治体は川俣町と飯舘村、南はいわき市だった。

牧氏のヒアリング記録には「飯舘村が最本命」とあった。どういう意味なのか。

「SPEEDIの推計結果とモニタリングのデータを見て、専門家とも話して、線量が高いと思われたのが川俣と飯舘。特に飯舘村が一番のリスクであろうと。いわきは大きい自治体ということで選んだ」

つまり、「無防備な三〇キロ圏外が一番リスクは高い」「最も線量が高い地域で測る」という視点で測定対象を絞り込んだ上、一番線量が高いと見なしたのが飯舘村だった。

牧氏は「川俣と飯舘では、まあまあの人数を測りましたよ。測定を受ける人を集めるのは、われわれじゃできない。役場に声掛けしてもらい、車も出してもらいました」と続けた。

ヒアリング記録には「川俣町での調査に当たって、事前に町職員から町民に対して調査場所と調査日時のアナウンスをするなど（小学校、幼稚園、保育園にこえをかけてもらい、町南部で特に環境放射線量が高かった山木屋地区からは、学校の終業式後にそのままバスで生徒をスクリーニング会場に連れてきてもらった）、ロジ面で協力をお願いした」「飯舘村で測定を行った時は……村役場職員に住民への声掛けをしてもらい」とあった。「ロジ面」とは「ロジスティックス」のこと。後方支援的に地元の手を借り、地元の子どもばかりを集めたということだ。いわき市では事前に声掛けせず、スクリーニングの会場に来た人を測ったと書かれていた。

測定対象を絞り込んだ経緯や三〇キロ圏外で測った理由は分かったが、腑《ふ》に落ちなかった点もある。三〇キロ圏内は三〇キロ圏外と比べ、本当に線量が低いと言えたのか。特に心配だったのが二〇キロ圏の人たちだ。彼らには避難指示が出たが、逃げ遅れて多く被ばくしていなかったか。彼らこそ測るべきだったのではないか。そう尋ねると、牧氏は語気を強めた。

「避難した人たちはみんな、ちりぢりになっていた。それを探すことができる状況になかった。時間との闘いだから。半減期があるから。彼らを探し出すのは無理だった。その時に人を集めないと意味がない。リスクが高い人を集めて測る。僕らのやり方が現実的な選択だった」

ヒアリング記録にあった「人探しの時間がない」というのは、「半減期の関係で、避難した人たちを探す時間がなかった」という意味のようだった。牧氏はこうも語った。

「後からはなんぼでも言えますよ。あの時間でやるにはあれしかなかった。僕らのタイムスケジュールでは。事故から二週間でしょ、始めたのが。あれ、遅いんです。スタートが遅かった。中央も混乱していて。少し落ち着いて、やろうとなったのがあのタイミングだった」

測定結果をどう解釈したか。データは十分と判断したか。現地本部で全ての判断が完結したか。三一日以降に話がどう進んだか水を向けたが、牧氏は「知りません」と答えるのみだった。

ハイリスク地域と拡大解釈

測定を担った政府の現地本部医療班の名簿には、取材を続けるための手掛かりが残っていた。

「主なカウンターパート」という項目には六人の専門家の名前が載っていた。彼らの情報を集めたところ、六人のうちの「近藤先生（DMAT事務局次長）」と「田代先生（広島大）」が甲状腺被ばく測定に深く携わっていたことが分かった。

「近藤先生」は日本DMAT事務局次長を務める救急医、近藤久禎《ひさよし》氏のことだった。

日本DMATは、大震災などで被災地に迅速に駆けつけて救急治療を行う災害派遣医療チームのことだ。一九九五年の阪神大震災を教訓に、厚生労働省によって二〇〇五年に発足した。事務局は国立病院機構災害医療センター（東京都立川市）に置かれた。近藤氏はこのセンターの医師で、DMAT事務局のナンバー2を務めていた。過去の新聞記事を検索できるウェブサイト「日経テレコン」で調べると、近藤氏は朝日新聞の二〇一一年五月一六日付夕刊に登場していた。「ニッポン人脈記」という連載のうち「震災ドクター」の回で近藤氏が扱われ、飯舘村で甲状腺被ばく測定を行う際、測定に適した場所を探し回ったと記されていた。

近藤氏の名前は見覚えがあった。事故後に福島入りした医師らの活動を記した書籍『医師たちの証言　福島第一原子力発電所事故の医療対応記録』に登場していた。同書によると、近藤氏は三月一二日未明に来県した後、いったん岩手県に向かった。その後、一四日からは福島県自治会館四階の「緊急被ばく医療調整本部」を拠点とし、スクリーニングの応援部隊がそれぞれどの測定会場に行くか差配した。

その近藤氏が国立病院機構災害医療センターで取材に応じてくれた。

甲状腺被ばく測定を担ったのは政府の現地本部医療班で、福島県庁五階のＯＦＣを拠点とした。西隣が県自治会館。四階の調整本部にいた近藤氏は、測定の際にどんな役割を受け持ったのか。近藤氏は「現場に兵隊を出す立場」と答えた。「測る人たちの人手のやりくりですか」と尋ねると「そうです」と述べた。

事故直後から被災地で働き詰めだった近藤氏は三月二〇日ごろから二日ほど休みを取った後、二三日ごろから自治会館に戻り、二四～三〇日の甲状腺被ばく測定に携わったという。

当時の状況認識は牧氏とほぼ一緒だった。まずは「時間がなかった」という点。

「われわれがやった二四日ぐらいがリミットなんです。あれ以上、先に行くと、甲状腺の被ばくは追えなくなる。半減期の問題で。あそこがリミットだったことは確実です。『あと三日間でやらないといけない』って放医研の物理屋さんから聞いていました」

その三日目は「飯舘が終わった日だったと思う」。飯舘村の測定は三〇日まで。二七日ごろに「測ることができるのは二八～三〇日」と放医研の関係者から聞いたことになる。その放医研関係者が誰かは「覚えていない」という。

「どの地域の人たちが最も線量が高いか」も牧氏と同じ見方で、「避難区域の二〇キロ圏はとっくに逃げている。三〇キロ圏は屋内退避だった。何も防護措置を取っていなかったのが三〇キロ圏外。そこが一番、ハイリスクと判断した」。そしてSPEEDIやモニタリングのデータから「明らかに飯舘村は線量が高いと分かっていた」と続けた。やはり「最本命」は飯舘村と見ていたようで、三〇日に測った際には事故後の行動調査も行ったという。

二八日以降、第一原発から北西に四〇キロほどの距離にある飯舘村役場で三〇〇人強、同じく北西方向にあり、原発から四五キロほど離れた川俣町中央公民館で六〇〇人あまりを測った。「飯舘と川俣は人口統計上、ほぼ全員です。SPEEDIで一〇〇ミリシーベルト以上と試算された地域の子どもがどれだけいるか人口統計で調べ、その人数だけ測った」

測定数が少ないと思ってきたが、測った側は「一番のハイリスクと見立てた地域で十分測った」という認識だった。

調べた子どもは全員が甲状腺等価線量で一〇〇ミリシーベルト相当の基準値を下回った。その結果をどう解釈したのか。

「ハイリスクの所を測って基準値を超える例がなかった以上、どの土地もそれより低いだろうというのが基本的な考え方ですね」

被災した子どもの間でがんが見つかっても「放射線のせいじゃないと言えると思いますけどね」と続けた。

現地本部医療班の名簿に載っていた「田代先生（広島大）」は広島大教授の田代聡氏のことだった。近藤氏が取材の際、一緒に測定に携わった専門家として挙げていた。

大学のウェブサイトを見ると、田代氏は三月二五日に福島県へ向かった。政府の測定が始まったのが二四日。その翌日だ。原安委の指針類「緊急被ばく医療のあり方について」によると、広島大は事故時に高度専門的な診療を担う「三次被ばく医療機関」とされ、二五日に福島入りした広島大の「緊急被ばく医療派遣チーム」でリーダーを務めたのが田代氏だった。一九年には原爆被爆者の放射線障害を解析する同大の原爆放射線医科学研究所の所長に就いた。

学内で取材に応じた田代氏は「今は放射線が遺伝子に及ぼす影響を研究していますけど、元々は小児科医。子どもを測るには小児科が分かる医者が行った方がいいということで、僕を現地に送ることになったと理解していました」と振り返った。

田代氏は県自治会館四階の調整本部を拠点に活動した。近藤氏がいた場所だ。県庁五階にあった政府の現地本部医療班とはどう役割分担していたのか。

「中央から言われてこういう具合にやろうと言っていたのが現地本部。調整本部は人手や機材を把握していた。僕らは現地本部と行ったり来たりしていました。牧さんたちと一緒に話をして。もちろん放医研の人も」

「時間がなかった」という点は共通認識だったという。「みんな、『早くやっちゃわないと』というのがありましたから。どんどん測定できなくなるって放医研の先生が計算して出されていたから。三日間ぐらいなのかなと。それ以降調べるのは困難になるという話でした」と答え、「絞り込む必要があった」と水を向けると「みんな思っていました」と述べた。

放医研の先生は誰なのか、田代氏に聞いてみた。調整本部に派遣されていた宮後《みやうしろ》法博氏を挙げたほか、「鈴木さんかな、物理の」と述べた。以前にインターネット上で放医研の名簿を見た時、外部被ばく評価室長として鈴木敏和氏がいたと記憶しており、田代氏に「鈴木敏和さん」と投げかけると「『たち』がされたんじゃないですかね」と述べた。

測定対象を絞り込む上でやはり「最本命」があったという。

「飯舘村が一番ホットでしょうという話だった。避難指示が出ていないのにSPEEDIで高い値と言われた場所がもろに飯舘でしたよね」

調整本部と現地本部が一緒になって「時間がない」「飯舘村が一番ホット」という議論をし

たのか、改めて確認すると「みんなでしていたと思います」と述べた。

測定結果の解釈についても、近藤氏の証言とほぼ一致した。

「飯舘の人たちをどれだけ多く調べられるか、みんなで一番議論していた。そこで基準値を超える人がほとんどいなければ、よそもほとんどいないという話になっていた」

田代氏は測定最終日となった三月三〇日まで現地にいたという。測った全員が基準値を下回ったことに触れると、田代氏は「一段落という認識でした」と話した。

飯舘村の測定に続き、原発近くから避難した人を調べなくてよかったのか。田代氏は「基本的に測らなくていいんじゃないかという気が僕はしましたけど」と語った。

無事避難した、ということなのか。

「そう思うしかないです。避難指示もあるし。やれることの限界もありますし。無限に能力があるわけじゃないから。それはみんな共有していたと思います」

「甲状腺は安全と言える」

牧氏と近藤氏、田代氏の話を総合すると、最も線量が高いと見立てた地域、特に「最本命」の飯舘村で子どもたちを測ったところ、問題ない値だったため、どの地域でも問題ないと判断したようだった。こうした見解は調整本部や現地本部にいた他の専門家も共有していたとみられる。その痕跡は、情報開示請求で入手した文書に記されていた。

例えば、「飯舘村が最本命」という位置づけ。測定期間中の二八日に作成された手書きの文書に関連記述があった。作成者は、調整本部に派遣された放医研の宮後氏。田代氏らに助言を送った専門家として名が挙がった一人だった。

文書の表題は「甲状腺の住民測定について」。二八日から三日間かけ、飯舘村の小児を測定する計画が記されており、「いちばんＨＯＴな可能性あり」とも書かれていた。

宮後氏と同様、放医研から調整本部に派遣された内田祐棋《ゆうき》氏が三月二九～三一日に作成した「派遣先行動報告」にも、先の見解が共有された痕跡が残っていた。

二九日夜の作成分では、川俣町と飯舘村、いわき市での測定に触れ「以上の結果から、すべての地域を対象に行うか判断する」と記されていた。三〇日夜の分では「甲状腺測定は、本日の飯舘村（３００名以上）、川俣町（１５６名）、いわき市（30名）をもって終了とする」「これらのハイリスク地域でのデータを分析し、評価のあと、全地域で行うか決定する」とあり、三一日夜の分には「昨日までに対象者ほぼ全員を測定でき、その結果、有意な値はなかったため、小児甲状腺については、安全と言える」とつづられていた。

飯舘村の小児について「いちばんHOTな可能性あり」と記した文書

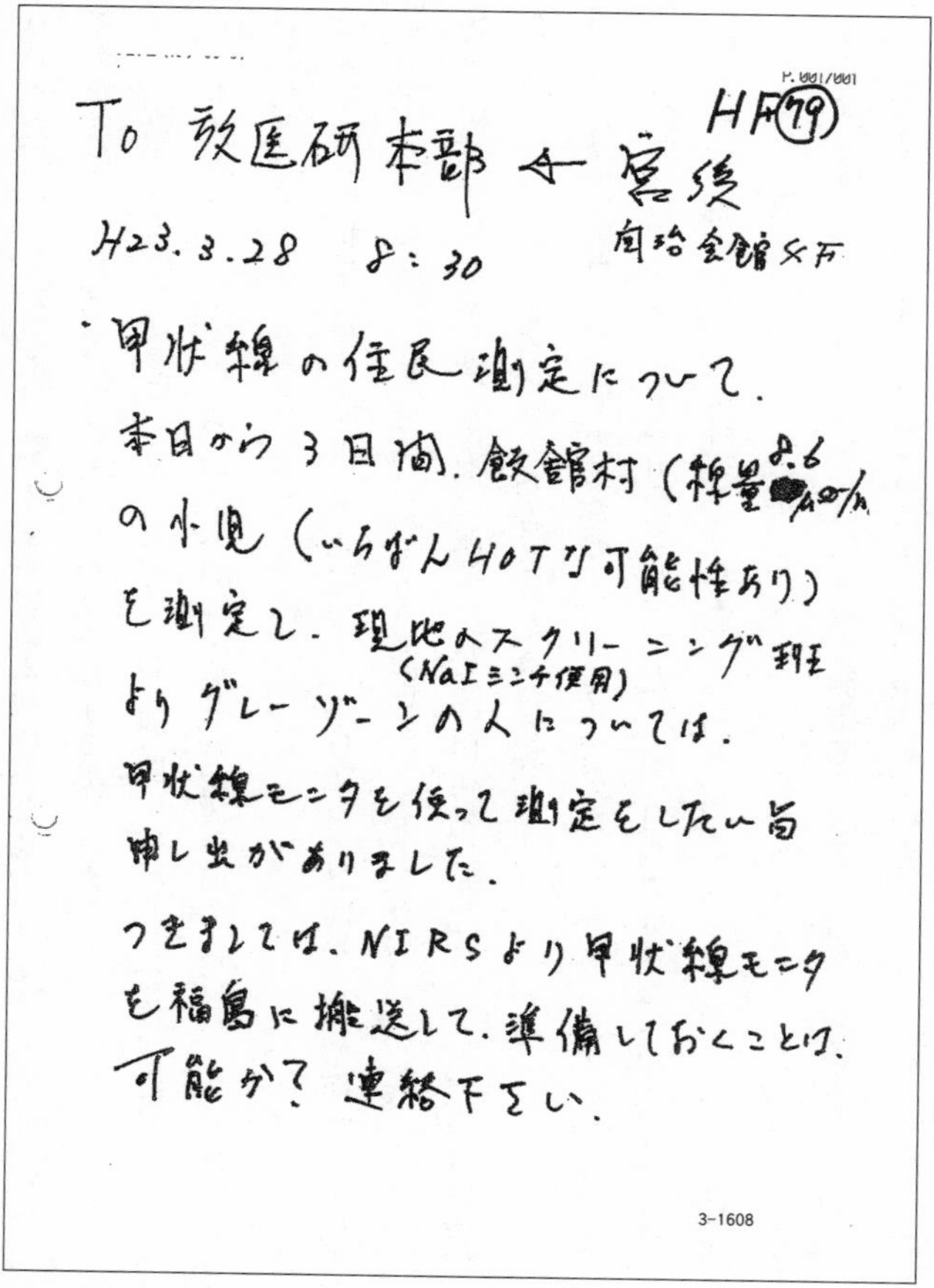

P.001/001

HF(79)

To 放医研本部 ← 宮後

H23.3.28　8:30　自治会館4F

・甲状腺の住民測定について。

本日から3日間、飯舘村（線量 2.6 [redacted] μSv/h）

の小児（いちばんHOTな可能性あり）

を測定して、現地のスクリーニング班（NaIシンチ使用）

よりグレーゾーンの人については、

甲状腺モニタを使って測定をしたい旨

申し出がありました。

つきましては、NIRSより甲状腺モニタ

を福島に搬送して、準備しておくことは、

可能か？連絡下さい。

3-1608

※情報開示請求で入手

2011年3月30日の派遣先行動報告

報告日時：2011年 3 月 30 日 20 時 40 分

氏　名	[illegible]　（所属：REMAT　　）
発信場所	OFC　自治会館　その他（　　）
前回報告	2011年 3 月 29 日 20 時 30 分
天　候	（屋外の気温：　℃、湿度：　%、 風向：　、風速：　m/S）
放射線量	ポケット線量計指示値（γ）：[redacted] μSv [redacted] （n）：[redacted] μSv 空間線量率モニタ指示値（γ）：　μSv/h （n）：　μSv/h
報告内容	・甲状腺測定は、本日の飯舘村（300名以上）、川俣町（156名）、いわき市（30名）をもって終了とする。 ・これらのハイリスク地域でのデータを分析し、評価の上で、全県域で行うか決定する。 ・スクリーニングでの除染は、しばらくはこの状態を維持する。 ・

2011年3月31日の派遣先行動報告

報告日時：2011年 3 月 31 日 20 時 45 分

氏　名	[illegible]　（所属：REMAT　　）
発信場所	OFC　自治会館　その他（　　）
前回報告	2011年 3 月 30 日 20 時 40 分
天　候	（屋外の気温：　℃、湿度：　%、 風向：　、風速：　m/S）
放射線量	ポケット線量計指示値（γ）：[illegible] [redacted] μSv 積算 [redacted] （n）：[illegible] μSv 〃 空間線量率モニタ指示値（γ）：　μSv/h 〃 （n）：　μSv/h
報告内容	・甲状腺測定については、本日、測定希望者はでておらず、昨日までに対象者はほぼ全員を測定できた。その結果、有意な値はみつからなかったため、小児甲状腺については安全と考える。

※ともに情報開示請求で入手

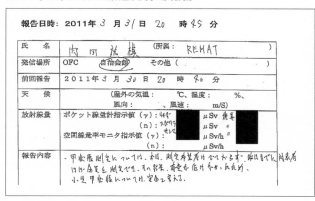

取材に応じた内田氏によると、調整本部の会合で伝えられた内容を書きとめておいたのが「行動報告」だったという。つまり、「ハイリスク地域でのデータを分析し、評価のあと、全地域で行うか決定する」などの考え方は、会合の中で共有されていたことになる。

県自治会館四階の調整本部には当時、近藤氏や田代氏がいた。彼らの見解が会合の中で共有され、内田氏が記録していたという見立てもできそうだった。

「線量が高いと見立てた地域を測って全体を評価する」「全体的に問題なし」という考え方は、県庁五階のOFCを拠点にした現地本部医療班でも共有されていたようだった。

その痕跡が記されていたのは放医研の電子掲示板で、投稿日時は四月一七日午後一時四七分。現地本部医療班の大町康氏が寄せた情報が書き込まれた。スクリーニング会場で内部被ばくについて質問を受けた際、どう答えているかという内容で、「内部被ばくによる健康影響(甲状腺がんのリスクが増える)について、一番リスクの高い小児について、汚染が高いエリアで評価を行ったが、問題ないという事実がある。そのため通常の生活をしている限り問題ない」「特別な体の中の放射線計測や検査は必要ありません」と記されていた。

「事故時に原発近くにいた人たちは無事避難した」という見解も共有されていたようだ。こちらは中央省庁の文書に記載されていた。情報開示請求で得た文書のうち、経済産業省がまとめた国会答弁の想定問答に書かれていた。

二〇一一年四月六日の参院災害対策特別委員会では、公明党の秋野公造氏が甲状腺被ばくの問題について「健康をチェックするモニタリング体制をつくっておくべきではないか」と質問している。経済産業政務官の田嶋要氏は三月二四～三〇日の甲状腺被ばく測定に触れ、基準値を超える子どもがいなかったと答弁したが、想定問答にはさらなる記述があった。

「3月12日に20km圏内に対する避難指示がなされたことにより、放射線量が増加し始めた頃には、既に避難は完了していたと認識しているため、避難者に対する調査は行っていない」

汚染が広がる前に逃げていた、だから測定も必要がなかった、という論理展開だ。

想定問答には所管者として「経済産業省原子力安全・保安院企画調整課　課長　片山啓」「経済産業省原子力安全・保安院付　野田耕一」と記されていた。原災本部の事務方で中核を担ったのが保安院だった。

片山啓《ひろむ》氏は政府事故調のヒアリングを受けており、公表されている記録を見ると、当時は原災本部の総括班長だった。政府の原子力災害対策マニュアルによると、総括班長は本部内の情報を集約し、本部長である首相らを補佐する役割を担っていた。原災本部の「中核中の中核」にいた人物が想定問答を所管していたことになる。

片山氏に取材を申し込むことにした。保安院や原安委の後継組織に当たる原子力規制委員会事務局、つまり原子力規制庁に在籍していたため、同庁を通じて対面取材を依頼した。

片山氏は応じなかった。広報室を通じ、「当時は極めて多忙な時期。国会参考資料は別チームである原子力安全・保安院付で作成していた。この『原子力安全・保安院付』は応援要員が中心であり正式な組織体ではなかったため、参考資料の所管については、本件に限らず、原子力安全・保安院企画調整課長と原子力安全保安院付の連名で記載していた。この時期、企画調整課長は答弁作成に関与しておらず、本件内容は承知していない」とコメントを寄せた。

想定問答に保安院付として記された野田耕一氏は、日本原子力研究開発機構（JAEA）の理事になっていた。広報担当に取材を申し込んだが、「既に数年がたち、手元に資料が残っていないため、取材対応は難しい」と回答が返ってきた。

詭弁《きべん》

牧氏と近藤氏、田代氏の三人の証言と情報開示請求で得た文書の記述は、ほぼ一致していた。測定に関する考え方は三人の作り話ではなく、各所で共有されていたようだった。

第二章の冒頭で挙げた四つの疑問は、取材に応じた人たちの証言と情報開示請求で得た文書により、おおむね解明することができたように思えた。

疑問の一つ目は「測定の目的が何なのか」。これは前章で明らかにした通りだ。測定前の焦点は、第一原発の二〇キロ圏だった避難区域を見直すかどうかだった。政府は二〇キロ圏外で甲状腺被ばく測定を実施し、実際の被ばくがどの程度なのか、状況把握を行おうとした。それを踏まえ、二〇キロ圏外でも避難が必要か判断しようとした。

二つ目の疑問は「測定対象としてなぜ第一原発から北西や南に三〇キロ以上離れた地域を選んだのか」。三月二四日からの測定は、半減期の問題で「測る時間がわずかしか残されていない」というのが大前提だった。対象を絞らざるを得ない中、避難や屋内退避の指示が出ていない三〇キロ圏外が無防備で線量が高くなると見立て、そこで測ることにした。具体的な場所を決める際にはSPEEDIの推計結果などを踏まえ、北西に三五～四五キロ離れた川俣町と飯舘村の計四カ所、南四五キロに位置するいわき市の一カ所を選んだ。

三つ目の疑問は「多くの地域の人たちを測らなかったのはなぜか」。政府の測定は「時間がない」が大前提だった。多く測るための時間がないと判断した。そのため、最も線量が高いと思われる地域で測った上、他の地域の状況も判断しようとした。原発の北西や南の三〇キロ圏外が最も線量が高いと考え、その地域で測った結果、全員が一〇〇ミリシーベルト相当の基準値を下回ったため、どの地域でも問題がないと判断した。

四つ目は「原発近くから避難した人たちを測らずに済ませたのはなぜか」。これに関しては、無事避難したと見なしていたということだった。

話の辻褄は合っているようだが、あまりに乱暴な論理展開ではないだろうか。

政府の測定後、三〇キロ圏外の測定結果で全体の状況が判断されたようだった。最も線量が高い地域が三〇キロ圏外なので、他地域の線量は三〇キロ圏外より低くなるということだった。

本当にそうなのか。「最も線量が高いのは三〇キロ圏外」という裏には、避難や屋内退避が十分に機能したという前提がある。二〇キロ圏内の人たちは放射性ヨウ素が飛散する前に避難を終え、二〇～三〇キロ圏の人たちも速やかに屋内に退避したということになっている。そうすることで被ばくを防いだことになっている。しかし、避難や屋内退避が機能したかどうかは、実際に被ばくせずに済んだのかを検証しないと分からない。

そのためには一人一人に測定器を当て、体内に放射性ヨウ素が取り込まれていないか、取り込まれているとしたら、のどにある甲状腺に集まったのはどれくらいの量か、甲状腺等価線量がどの程度か、確認しなければならないはずだ。三〇キロ圏内の人たちを測定しないまま「速やかに避難した」「屋内退避が機能した」と判断してしまうのは無理がある。単なる「見立て」にすぎない。

途中で話がすり替わった印象も受けた。そもそも測定の目的は「二〇キロ圏外の状況把握」だったはずだ。にもかかわらず、二〇キロ圏内を含めた全体的な状況まで判断していた。「二〇キロ圏内も含め、甲状腺内部被ばくはどの地域も問題ないレベル」と見なされた。

乱暴な論理展開の大元は「測る時間がない」という点だった。時間がないから多くの地域で測ることができなかった。時間がないから対象を絞った。時間がないから測定に優先順位を付けざるを得なかった。時間がないから線量が高い地域で測り、その結果を基に他の地域の状況を判断せざるを得なかった。時間がないから線量が高い地域として三〇キロ圏外を選ぶしかなく、他は測ることができなかった。そうした理屈になっていた。

しかし、本当に測る時間はなかったのか。

第一原発では三月一二日から一五日にかけて三回の爆発があり、このころに多くの放射性物質が飛散したほか、以後も放出は続いた。一方、政府の甲状腺被ばく測定は二四日から三〇日にかけて行われた。放射性ヨウ素の半減期は八日なので、最初の爆発があったころに放出された分は測定時に二度の半減期を迎え、放射能の量が四分の一になっていた計算になる。それより後に放出された分は、そこまで減っていないということだ。甲状腺の放射性ヨウ素の量がゼロになれば測ることはできないが、放射能の量が当初の四分の一になった程度で、もう測ることができなくなってしまうのか。

本当はまだ測る時間があり、もっと多くの地域の人たちを測ることができたのではないか。放医研が三月一三日に「ハイリスク群」と見立てた人たち、つまり原発近くの双葉町にいた人たちも測定できたのではないか。

多くの人たちを測れば、深刻な被ばくに見舞われた人が出てくるかもしれない。その数も増えるかもしれない。広い範囲で被ばくに見舞われたことが浮き彫りになるかもしれない。そうなれば、厳しい追及を受ける人たちが出てくるだろう。

意図的に丁寧な測定を避けたのではないか。その口実として「時間がない」という詭弁を持ち出したのではないか。そう考えるのには理由があった。

測る時間はあった

政府の測定は三月三〇日で終わった。半減期の関係で放射性ヨウ素が消え、もう測ることができない、タイムリミットが来てしまったと判断されたようだった。しかし、この後でも独自に甲状腺被ばく測定を行った専門家がいた。弘前大教授の床次《とこなみ》真司氏らだった。線量評価を専門とする床次氏のグループは四月一一日に福島県内に入り、一二日から一六日にかけて計六二人を測っていた。甲状腺等価線量は最大で三三ミリシーベルトだった。

政府の測定でも全員が一〇〇ミリシーベルト相当の基準値を下回ったと公表されており、それを覆すような測定結果ではなかった。それでも床次氏のグループの測定は、繰り返し報道されていた。政府以外に専門家が独自に測ったケースは他に見当たらなかったため、注目を集めた。ただ、目を向けるべきはそこではない。政府の測定は「タイムリミットが来た」という理由で三月三〇日に終わったようだった。それを覆すように、「まだ測ることができた」「測る時間はあった」ことを示したのが床次氏らの測定だった。

弘前大で床次氏に話を聞いた。

独自に測定しようと考えた端緒は、原安委が三月二三日に公表したＳＰＥＥＤＩの推計結果だった。甲状腺等価線量が一〇〇ミリシーベルト以上の地域は主に第一原発の北西や南に広がり、五〇キロ離れた場所まで伸びていた。

政府の測定は二四～三〇日に実施された。測った場所は第一原発の北西三五～四五キロの四カ所と南四五キロの一カ所だった。床次氏はより原発に近い地域で測ろうと考えた。それが浪《なみ》江町《えまち》津島地区だった。第一原発の北西方向に位置し、第一原発からは三〇キロ前後の距離。SPEEDIの推計結果では五〇〇ミリシーベルト以上の地域も含んでいた。

「津島には何千人かがいたという話だった。ひょっとしたら集団の中で被ばくした人がいるんじゃないかと。で、浪江に行こうと思ったんです。ハイリスクの集団があるから浪江でやりましょうと」

床次氏のグループ以外で甲状腺被ばく測定に取り組もうとした専門家はいなかったようだ。その点についてはどう感じていたのか。

「統制が敷かれていたからじゃないですか。暗黙の了解というか。よく当時はね、『寝た子を起こすな』だとか、『化け物が出たらどうする』って、聞いていましたよ」

余計なことをするな、深刻な被ばくに見舞われた人を探し出すな、ということだったのか。

それでも床次氏は福島へ向かった。二〇年ほど共同で研究してきた鹿児島大教授の秋葉澄伯《すみのり》氏の勧めだったという。

「きちんと測らないといけないと秋葉先生から言われました。データの重要性は念を押されていました。『クビ覚悟でも行くしかない』って」

モニタリングで得た大気中濃度を使って甲状腺等価線量を見立てることもできる。前章で扱ったように、その場の滞在時間や呼吸率などは仮定を置き、線量を推計できる。

ただ床次氏は推計に大きな限界があると考えていた。

「仮定の設定の仕方次第で、振れ幅がすごいですよね。仮定に仮定を重ねれば特に。簡単に一〇倍ぐらいになります。食べ物とか飲み物とかで体内に放射性ヨウ素を取り込む分は別に考えないといけないけど、それには限界があります。個人差がありますから。特に震災時はライフラインが止まった。皆さん、井戸水や沢の水を飲んでいるじゃないですか。それもどこまで加味できるのか」

床次氏のグループは四月一二日以降、「スペクトロメータ」という機器を使って測定した。

政府の測定の際に用いられたのはＮａＩサーベイメータだった。体内から体外にすり抜けてくるガンマ線を捉えやすい特徴を持ち、多くの研究機関などが所有していた一方、どの種類の放射性物質から出た放射線か識別する性能までは備えていなかった。

本来であれば、甲状腺の放射性ヨウ素が出す放射線に限定し、その状況を調べたいところだった。そこから放射性ヨウ素の量を詳しく導き、甲状腺等価線量を計算したかった。

しかしＮａＩサーベイメータで甲状腺があるのどを測った場合、体の表面に付いた別の放射性物質のガンマ線も合わせて読み取る難点があり、線量を計算する際に誤差が生じかねなかった。スペクトロメータの方は、どの種類の放射性物質がどれだけ放射線を出しているか識別する機能を備えている。より正確に計測することができるのがスペクトロメータと言えた。弘前大の高度救命救急センターに配備されていた分を使うことにした。

床次氏らは津島地区の民家を巡り、測定を呼びかけた。応じたのは一七人。了解の取り付けが難航したようだった。

「われわれのグループは男性しかいなかったせいか、家に子どもがいても怖がられたようで、出てこなかったんですよ」

その一方、第一原発から北西に七〇キロ離れた福島市内のホテルでも四五人を測った。ここは床次氏らの宿泊先で、浪江町の北隣にある南相馬市の避難者がいたため、彼らに声をかけた。

床次氏らの測定は唐突に終わりを迎えた。その辺りの事情は既に報じられていた。例えば共同通信は二〇一二年六月一四日、「床次真司教授のグループが放射性ヨウ素の被ばく状況を調査した際、福島県から『不安をあおる』と中止を要請され、調査を途中で打ち切ったことが分かった」「県地域医療課から『人の調査をしているようだが、住民の不安をあおるのでやめてほしい』と電話で要請されたという」と伝えていた。

報道された通りだったのか、床次氏に尋ねると「ええ、本当なんです」と認めた。

「自治体の協力が得られれば、避難所に測定会場を用意できると考えていた。効率的に測ることができると思っていた。でも駄目でしたね。協力を得られそうにないので、あきらめました」

県の要請は住民の思いを代弁していたのだろうか。それとも別の意味を持っていたのだろうか。「寝た子を起こすな」という考えを代弁し、中止を求めた可能性はないのだろうか。

床次氏が測定を始める前日の一一年四月一一日、政府は第一原発の二〇キロ圏外でも避難を求める「計画的避難区域」を設定すると明らかにし、二二日には、飯舘村や浪江町津島地区などを指定した。ただしこれは、主に外部被ばくを防ぐための措置だった。第一原発から飛散した放射性物質が土壌や森林などに降り注いだ結果、長くその地域にいれば外部被ばくを多く受けることが予想されるため、避難を求める内容だった。二〇キロ圏外の人たちが甲状腺内部被ばくに多く見舞われたと認め、これ以上被ばくさせないために避難を指示したわけではなかった。

調べる気がなかった

そもそも政府は甲状腺内部被ばくの状況を丁寧に調べる気がなかったのではないか。「測る時間がなかった」と詭弁を操り、測定を打ち切った経過を考えると、そう思わざるを得なかった。

疑う理由は他にもあった。わずか半日で測定を終えようとした痕跡が放医研の電子掲示板に残っていたからだ。投稿日時は三月二四日午後一時一分。政府の測定が始まった日だ。書き込みをしたのは保田氏。政府の現地本部医療班長だったという。その保田氏はこうつづった。

「小児甲状腺サーベイは完了」

二四日からの測定を準備するに当たり、仕切り役は保田氏ではなく、他の班員が担った。この班員は放医研から、放医研は文科省からの指示を受けながら対応に当たったとされる。本章の「交錯した思惑」で扱った通りだ。

初日の測定が始まったころ、保田氏は文科省に電話している。指示系統がよく分からず、混

測定完了を周知する投稿

保田　浩志 (OFC医療班(県庁5階))	2011/03/24 13:01 小児甲状腺サーベイは完了。 OFC医療班から厚労省及び文科省の方に参加してもらい、そのサポートでトラブルもなく実施できました。無事データを取得できてほっとしています。 ただ、今回、現地に居るOFC医療班の放医研の方針として放医研が参加しなかったということには違和感があります。

※放医研の電子掲示板に記載

乱したため、電話で状況を確認したという。その保田氏は、測定初日の昼すぎに「サーベイは完了」と投稿していた。「測定はもう終わり」と放医研の同僚に周知していたことになる。

終わるのがあまりに早くないか。保田氏に尋ねると、「最初は少なくてもいい、いや、いいというか、データを採れるだけ採って原安委に判断を仰ぐという目的だったようです」と答えた。

似た証言をした人がいた。保田氏の前に医療班長だった放医研の立崎氏だ。

電子掲示板を見ると、立崎氏は測定の直前にいったん千葉の放医研に戻った。その後、二六日には再び、福島県庁五階を拠点にした政府の現地本部に来ていた。立崎氏によれば、医療班の一員として飯舘村の測定に携わったという。

立崎氏は政府の測定が始まる直前の状況をこう振り返った。

「二三日までは現地本部にいたんですよ。何時までいたかは分からないんですけど、『測ってみてくれ』と言われた記憶はあります。何人か測ってみてくれと。口頭だったと思います」

どこから指示が伝えられたのか。

「最初はEOCからだったと思いますが」

EOCとは、文科省の非常災害対策センターのことだ。

「原安委の人とも話して、『何人ぐらい測るんですか』と尋ねて、『例えば二〇人とか』ということを言われた記憶があります」

たくさんの人たちを測ってほしいという依頼ではなかったのか。

「ではないです。少なくとも私はサンプリングするために何人かを測るという意識でした」

政府の測定では三〇日までに一〇八〇人を調べた。

「私はサンプリングと思ってやっていたから『こんなに集まっちゃったの』という感じでした」

保田、立崎両氏の証言が確かなら、政府の測定は当初、ごくごく簡単に調べて済まそうとしていたことになる。多くの人たちを丁寧に測る気がなかったことになる。

それでも測定は三〇日まで行っている。その経緯は情報開示請求で得た文書に記されていた。

二五日の昼すぎに文科省から放医研に送られた一枚の文書には「午前の官房長官レクの際、小児甲状腺ひばくの調査は、継続する必要があるとの指摘あり」「ついては、今後の調査計画（対象地区、頻度など）を作成し、官房長官にかえす必要がある」と書かれていた。

さらに最下部には、「伊藤審議官と伊藤医療班長が協議。ERCから現地対策本部に指示してもらうこととなった。現地対策本部に指示が落ちた段階で、EOC医療班が支援する予定」とあった。ERCは経産省の緊急時対応センターの英語略称で、原災本部事務局が置かれた場所。文科省のEOCには、医療班が設けられていた。

つまり、「二五日午前に官邸から測定の継続を求められた」「測定の計画を改めて作成するよう、文科省が原災本部を通して現地本部に指示する」「指示が伝わったら改めて文科省が現地本部を支援する」ということだろう。

この指示は実際に現地本部に伝わっていたようだ。放医研の電子掲示板を見ると、二五日午後七時二六分に現地本部医療班長の保田氏が「昨日実施した小児甲状腺被ばく調査について、官邸から対象を広げるように指示有り」「先ほど関係者（安全委、福島県、文科省、放医研）で実施計画について打ち合わせた」と書き込んでいた。

測定計画を練り直す様子は情報開示請求で得た別の文書に記されていた。その一つは「小児甲状腺被ばくの調査について（検討状況）」。日付は「平成23年3月25日」、文責は「OFC／医療班　牧」。本章の「『時間なく』と『絞り込み』」に登場した文科省の牧氏のことだろう。ここには「本日夕刻にOFC医療班、原安委リエゾン、医療被ばく専門家チーム、福島県地域医療課と打ち合わせを行い……測定場所の選定につき意見交換を行った」とあった。

二六日も計画の再考は続いていたようだった。放医研から県自治会館に派遣された斎藤和典氏がまとめた文書「派遣先行動報告」に当時の様子が記されている。こちらも情報開示請求で入手した。報告日時として「3月26日22時20分」とあり、「甲状腺の再測定について協議21：00～」「県小原氏、文科、原安委、立崎、近藤他」「広大チーム（明日から）」などと書かれていた。

県自治会館は政府の現地本部が入る県庁の西隣になる。応援部隊が集う緊急被ばく医療調整本部が置かれ、政府の測定に携わった日本DMAT事務局次長の近藤氏、広島大の田代氏がいた。現地本部医療班にいた文科省の牧氏や立崎氏も交え、測定の進め方を議論したのだろう。

測定は三〇日で終わった。もともと簡単に調べて終えるつもりだったが、ここでは「測る時間がない」という言い訳を持ち出し、測定を打ち切ったようだった。

政府の測定に携わった近藤氏や田代氏によれば、「測る時間がない」という話は放医研の専門家から聞いたということだった。その放医研では測定終了の間際、首をひねりたくなるような議論が交わされていた。放医研の電子掲示板には、放医研の対策本部会議の議事概要が投稿されており、おかしな議論はそこに記されていた。

例えば、三月二八日午前九時の開催分。ここではまず、「甲状腺モニターを放医研から福島県に移設できないか、確認の連絡が来た」と記されていた。

「甲状腺モニター」とは、甲状腺内部被ばくを測る機器の一つだ。弘前大の床次氏が使ったスペクトロメータと同様、検知した放射線がどの種類の放射性物質から出ているか分析できる。甲状腺内部被ばくを正確に測る上で欠かせない機器の一つと言えた。

議事概要によれば、放医研にある分を福島へ搬送するよう依頼があり、その件について議論した。会議の中で確認された方針として、次のように記されていた。

「極めてデリケートな問題のため、判断等については福島県に回答することができず、甲状腺モニターも放医研単独で輸送不可能。正式な依頼があるまで、公的に動かないことを確認。情報やそれに対する判断を外部に流さず、必ず対策本部を通してから」

正確に測定できる機器なのに、なぜ搬送をためらったのか。「判断を外部に流さず」と箝口《かんこう》

甲状腺モニターを巡る議論を記した投稿

石原　弘 (REMAT医療班)	2011/03/28 11:28 放医研対策本部会議0900~要旨 官邸の原子力災害支援策として専門家チーム設置中 └→放医研(辻井理事)としては、関係者として、辻井理事、鎌田センター長、佐々木前理事長、酒井センター長を推薦した 20km圏外における小児甲状腺の内部被ばく等価線量の測定結果およびその判断について、福島県や問い合わせ。また、宮後さんから甲状腺モニターを放医研から福島県に移設できないか、確認の連絡が来た。 注: 本件に関しては、官邸の意向→原子力安全委員会→ERCに依頼があったが、その後、正式ルートで流れが見えていない。各省庁等による巧妙争いの様相を呈し始めている。個人レベルで動きはまず。 └→放医研の対応→極めてデリケートな問題のため、判断等については福島県に回答することができず、甲状腺モニターも放医研単独で輸送不可能。正式な依頼があるまで、公的に動かないことを確認。情報やそれに対する判断を外部に流さず、必ず対策本部を通してからということを確認。

※放医研の電子掲示板に記載

令《れい》まで敷いたのはなぜだったのか。

二八日は午後五時からも対策本部会議が開かれた。議事概要を見ると、「甲状腺モニターの放医研から福島への移設の可能性について」とあり、「鈴木：『重量物で困難と福島県に連絡』」「放医研確認事項：正式ルートを守り、今回の派遣業務の範囲内とする」とあった。半日たつと「重くて運べない」という言い訳が出てきた。そうであるなら、朝の会議で判断できただろう。箝口令を敷いて半日たつと、突然重くなるのか。

二九日午後五時から開かれた対策本部会議でも、甲状腺モニターが取り上げられた。議事概要には「モニカーが戻る」「甲状腺モニターの搭載準備だけは行う。活動はＥＯＣの依頼の後」と記されていた。「モニカー」はモニタリング用の車のこと。そこに甲状腺モニターを乗せる準備を進め、ＥＯＣ、つまり文科省の非常災害対策センターから依頼があれば実際に搬送すると確認されたのだろう。しかし、話が矛盾していないか。甲状腺モニターは重くて搬送できないはずだったのに車に積み込もうとしている。実はそれほど重くなかったのではないのか。

本当に甲状腺モニターが重いのなら、スペクトロメータを使えばいい。床次氏は福島県に持ち込んでいるのだから、運べないことはない。放医研には当時、スペクトロメータがあったはずだ。事故の直前まで放医研に勤務していた床次氏がそう証言した。重くもない。床次氏は「三キロぐらいですかね。簡単に運べますよ」と話した。

そもそも放医研の専門家は事故が起きる前、スペクトロメータの使用を推奨していた。二〇〇八年二月六日に開かれた原安委の「緊急被ばく医療のあり方に関する検討会」。ここには放医研の被ばく線量評価部長、山田裕司氏が出席していた。第一章の「放医研の反応は鈍く」で登場した専門家で、「一一歳の女児が甲状腺等価線量で一〇〇ミリシーベルト程度」と計算したのが彼だった。検討会の速記録によれば、山田氏は「使いやすいもの、現場の方が対応できるもの」としてスペクトロメータを挙げていた。そして「ポータブルで、バッテリーで動くタイプ」「重さが2kgや3kg」と軽さを強調していた。

放医研はなぜ、甲状腺被ばく測定の際にスペクトロメータを持ち出そうとしなかったのか。山田氏に尋ねると、こう返答した。

「セシウムなんかも判断できる。そちらの方で使いたいということがいっぱいあったので、多分持って行った」

第一原発から放出された放射性物質の一つが放射性セシウムだった。土壌などに降り注ぎ、放射線を飛ばして外部被ばくをもたらすのが主な特徴だった。土壌に付いた放射性セシウムの測定が優先されたと言いたいようだった。ただこの言葉通りなら、甲状腺内部被ばくは優先順位が低い、それほど重要ではないと考えられていたことを意味していた。

本当に甲状腺モニターは重くて運べなかったのか。スペクトロメータは他に用途があったのか。これらも詭弁ではないのか。そもそもまともに調べる気がなかったのではないか。

逃げ遅れなしの工作

政府の測定が終わってからも、甲状腺内部被ばくは測ることができた。四月に弘前大の床次氏のグループが取り組んだ例からも明らかだった。

政府は第一原発の北西や南に三五~四五キロ離れた場所で一〇八〇人を調べただけだった。多くの地域で多くの人たちを測ることができたのに「測る時間がない」と詭弁を操ったようだった。悪質な対応はそれにとどまらなかった。さらに踏み込んだ工作に手を染めていた。


床次氏のグループが福島県内で測定を始めたのは四月一二日だった。政府内部ではこのころ、原発対応に当たった省庁の関係者が集まる会議が開かれ、ある見解を記した文書が配布されていた。環境省に対する情報開示請求により、その配布文書のほか、会議の議事概要や参加者リストを入手することができた。

問題の文書を作成したのは、政府の「原子力被災者生活支援チーム」だった。事故対応の中核を担う政府の原災本部の下に設けられた組織で、経産省を中心に各省庁の官僚らで構成された。発足は三月二九日。政府の甲状腺被ばく測定が終わる前日だ。原発事故の被災者支援を重点的に進めるという特命を与えられた。

入手した文書によると、先の会議の開催日は四月八日。「放射線モニタリング・線量評価に関する連絡調整会議」という名称で、文科省、厚労省、原安委、放医研の関係者が経産省に集まった。ここで支援チームは「今般の原子力災害における避難住民の線量評価について」と題したA４判の文書一枚を配った。最下部には「避難住民への情報提供」という項目があり、「14日18時までに20㎞圏外に避難した住民は、避難の過程で浴びた線量は十分少なく健康上問題無いとの評価を提供可能ではないか」と記されていた。

第一原発で最初に爆発が起きたのは三月一二日午後三時三六分だった。このころ、原発の北西三キロの双葉町役場周辺には住民らが残っていた。一三日朝には放医研が「双葉地区住民はハイリスク群」という見解を文書にまとめていた。しかし政府が二四～三〇日に実施した甲状腺被ばく測定では、原発近くから避難した人たちは対象外となった。第一原発から北西や南に三五～四五キロ離れた地域の一〇八〇人を調べただけだった。「測る時間がなかった」という言い訳からで、三〇キロ圏外の測定結果を基に「全体的に問題がない」と判断された。

つまり原発近くからの避難者は、甲状腺内部被ばくに見舞われた可能性がありながら、測定を受けないまま「問題なし」と判断されていた。そして四月八日の会議では、事故対応の中核を担う原災本部の特命チームから「三月一四日夜までに遠方に避難した住民は健康上問題ない」という見解が示され、関係省庁に周知された。

原子力被災者生活支援チームが作成した文書

今般の原子力災害における避難住民の線量評価について

2011/4/8

分析概要

1．　福島第一原子力発電所(1F)の正門付近の空間線量率

正門付近のモニタリングデータによれば、3月12日6時頃から放射性物質の放出が開始。1号機ベント後の同日10時30分に380μSv/hを記録した他、15日0時までに9回程度放出があったと考えられる。14日18時までの空間線量率は、放出があったとされる際、瞬間的に数百μSv/hの値を示したが、それ以外の時間帯は10μSv/h以下で推移。

2．　正門付近での累積線量

正門付近のモニタリングデータは連続測定ではないため、正確な累積線量を出すのは難しいが、14日18時時点までの累積線量は1.2mSv程度と推計される。

3．　周辺住民の避難状況

福島県対策本部は、11日20時50分に2km圏内の住民に避難指示。内閣総理大臣は、同日21時23分に3km圏内（避難）、10km圏内（屋内退避）を指示、翌12日5時44分に10km圏内の避難指示が出された。

これを受け、浪江町、双葉町、大熊町、富岡町は12日中に避難を開始同日中に避難を完了している。(浪江町(12日15時頃)、双葉町(12日8時頃)、大熊町(12日13時頃)、富岡町(12日6時頃))

4．　周辺地域のその他のモニタリングデータ

1Fから西南西5kmに福島県が設置している大野局MPのデータ（3月12日14時～14日16時）では、13日15時に1.34μGy/h(≒μSv/h)、同日16時に1.32μGy/h、同日17時に5.10μGy/hを記録しているほかは、0.62μGy/h以下であった。

5．　風向きについて

ベントが行われた12日10時頃は陸風であり、避難住民の被ばく線量は低いと評価可能。海風となった14時以降も、風向きの変化による拡散状況と大野局のMPのデータを考慮すれば、避難住民の避難過程における被ばく線量は低いものと推定される。

6．　緊急被ばくスクリーニング、甲状腺被ばく調査の結果

3月13日から実施中のスクリーニング調査において、小学生を対象とした甲状腺モニタリングを含め、健康に影響を及ぼす事例はなかった。

7．　避難住民の線量評価

以上の措置に基づき、14日18時までに20km圏外に避難した住民は、避難の過程で浴びた線量が正門付近での累積線量より相当程度小さいと推定される。

8．　避難住民への情報提供

上記推計より、14日18時までに20km圏外に避難した住民は、避難の過程で浴びた線量は十分少なく健康上問題無いとの評価を提供可能ではないか。

以上

※情報開示請求で入手

原発近くから避難した人たちの甲状腺内部被ばくは楽観できないはずだった。逃げ遅れの可能性があった。しかし、体内に放射性ヨウ素を取り込んでいないとは確認していなかった。そんな中で「問題ない」と周知することにはどんな意味があったのか。「避難者の甲状腺内部被ばくは問題があるかもしれない」という異論を封じ込めようとしたのではないか。

この会議には放医研の関係者も出席していた。事故対応のナンバー2だった明石真言氏らだ。繰り返すが、放医研は三月一三日に「双葉地区住民はハイリスク群」と見立てていた。支援チームから「避難者は健康上問題ない」という見解を示された時、どう感じたか。「騒ぎ立てるな」というメッセージと捉えたのではないか。本章の「測る時間はあった」で扱った通り、弘前大の床次氏は「『寝た子を起こすな』だとか、『化け物が出たらどうする』って、聞いていましたよ」と証言していた。そうした「脅し」「異論封じ」の一つが、支援チームが会議で示した見解だったのではないか。

四月八日にあった会議の参加者リストで支援チームの一員として挙げられていたのが、渕上《ふちがみ》善弘氏だった。原子力損害賠償・廃炉等支援機構（東京都港区）の理事になっていたことが分かったため、話を聞くことにした。機構で取材に応じた渕上氏に「避難した住民は……健康上問題無い」と記した文書を見せると、「私が作ったと思います」と認めた。

文書には「健康上問題ない」と判断した根拠が記されていた。そこから確認することにした。

この文書の中ではまず、第一原発の正門付近の空間線量について記載した上、震災発生の三月一一日から一四日午後六時まで正門付近に居続けても「累積線量は1・2mSv程度」とあった。さらに周辺住民の避難状況として第一原発がある双葉町と大熊町、隣接する浪江町と富《と》岡町《おかまち》は「12日中に避難を開始」「同日中に避難を完了」とあり、「避難住民の避難過程における被ばく線量は低い」と書かれていた。原発にごく近い場所に一四日までいても外部被ばくは一・二ミリシーベルトにとどまる一方、双葉町民らは一二日中に避難を完了したため、それほど被ばくしていないと言いたいようだった。

これらに続けて、甲状腺内部被ばくに関する記述があった。しかし分量は三行だけ。「緊急被ばくスクリーニング、甲状腺被ばく調査の結果」という項目名のほか、「小学生を対象とした甲状腺モニタリングを含め、健康に影響を及ぼす事例はなかった」と記していた。

原発近くから避難した人たちは、政府の甲状腺被ばく測定の対象から外れた。それでも「避難者は健康上問題ない」と判断する上で、甲状腺内部被ばくは「健康に影響を及ぼす事例はなかった」とされた。これをどう理解したらいいのか。

渕上氏は「甲状腺の被ばくについては、国の測定データで十分、評価ができると判断したように思う」と振り返った。「国の測定データ」は、原発の北西や南の三五～四五キロで一〇八〇人を調べた分だ。全員が甲状腺等価線量で一〇〇ミリシーベルト相当の基準値を下回ったと発表された。測定に携わった専門家によれば、一〇八〇人の測定結果を基に「他の地域も問題ない」と判断していた。これを踏襲したというのが、渕上氏の説明なのだろう。

甲状腺内部被ばくは「『どの地域も問題なし』で決着済み」という認識だったようだ。渕上氏は「健康上の問題というのも、あくまで外部被ばくを中心にした議論だった。放射性ヨウ素についてどうするという話が燃え上がった記憶はない」と振り返る。

「避難者は健康上問題ない」という見解を文書にまとめたのはなぜだったのか。

渕上氏は「私はパシリやっていたみたいな感じなんで」と語り、会議自体は「西本さんが問題意識を持っていて『集めろ』という話で」と述べた。「西本さん」は経産省技術総括審議官だった西本淳哉氏で、「省内では技術系のトップみたいな方」。文書の作成も「西本さんの命を受けて」だったという。四月八日にあった会議の参加者リストを見ると、支援チームの出席者の一人として「西本技術総括審議官」とあった。

この議事概要では「初期に避難した住民の方は大きな被ばくをしていないと推定されるが、そのようなメッセージを出して早く不安を解消してあげられないか」と書かれていた。どういう趣旨だったのかと渕上氏に尋ねると、こう答えた。

「全く情報が分かりませんと言い続けるのは無責任という話があって。避難所の方々の精神的な不安があったというのが背景なんで。全体的に見れば、ひどいことになっていないと伝えようと」

この会議に関しては、四月四日に非公式の打ち合わせがあり、正式な会議は八日のほか、四月一九日と五月一六日にも開かれていた。議事概要を見ると、会場は全て「経産省本館12階東1　技術総括審議官室」と書かれていた。おそらく西本氏の部屋だろう。

四月一九日と五月一六日の議事概要を見ると、ともに「20㎞圏内からの避難過程において受けた線量の推計について」が議題に挙がっていた。「初期の放出量が少ない段階で避難をした住民については、集団として『健康への影響はほとんどない』と評価できれば、早く安心感を持ってもらえる」「初期に避難した住民の線量が低いことについて、何とか原安委から見解を示してほしい」といった意見が記されていた。支援チームが「避難した住民は……健康上問題無い」と記した文書を作成していたことを考えると、これらの意見は支援チームから出たのだろう。

しかし「避難者は健康上問題ない」というメッセージは発信されなかった。原安委が抵抗したようだった。議事概要を見ると、「安全委としては……限られたデータからの推計を公表することは慎重に成らざるを得ない」などと記されていた。当然の抵抗だろう。

ただ、支援チームが「避難者は健康上問題ない」という見解を打ち出し、再三にわたって同意を迫った意味は重かったはずだ。原発対応の中核を担う原災本部が何を考えていたのか、どうしたかったのか、関係機関に強く知らしめることになったはずだ。

「測る時間がない」という詭弁の裏で行われた工作はこれだけではなかった。

幕引きの進言

床次氏らの測定が終わってから一〇日後の四月二六日の午後五時すぎ。放医研の明石真言氏が官房副長官の福山哲郎氏と官邸で面会した記録が残っていた。放医研に対する情報開示請求で入手できた。明石氏は事故当時、放医研の緊急被ばく医療研究センター長で、所内の対策本部で本部長補佐を務めた。事故対応のナンバー2だった。

面会直前には、出席予定者の名簿が放医研に送られていた。明石氏に加え、「原子力災害被災者生活支援チーム（経済産業省大臣官房技術総括審議官）西本淳哉」「文部科学省　災害対策センター　医療班　班長　伊藤宗太郎」「厚生労働省　大臣官房　厚生科学課長　塚原太郎」とあった。この四人は「放射線モニタリング・線量評価に関する連絡調整会議」の参加者リストにも登場していた。

面会時のやりとりは、次のように記されていた。

「（西本）論点として疫学調査の必要性の有無があろうが・・」

「（明石）住民の被ばく線量は最も高くても100ｍＳｖに至らず、これを疫学調査したからと言って影響があるとも思われない。科学的には必要性が薄いと考えている」

疫学調査とは、病気の発症状況を分析する調査のこと。原発事故に絡んだ疫学調査という点では、「甲状腺内部被ばくで甲状腺がんが増えたか」を主に分析することになる。甲状腺がんの検査を続け、事故前よりもがんが見つかる頻度は多いのか、被ばくの程度に応じてがんが増えているのかなどを分析することを意味する。

被ばくの影響が心配される状況なら、何年もかけてこうした疫学調査を行うべきだろう。影響ありと判断された場合には当然、手厚い補償などが必要になってくる。しかし明石氏は「住民の被ばくの程度は低い」「疫学調査は不要」と進言した。ほとんどの人の甲状腺内部被ばくを測っていないのに「この先、被ばくの影響が出るかどうか調べる必要がない」「放射線の健康被害に関する議論は終わり」と幕引きを迫ったことを意味していた。

明石氏は取材に応じた。福山氏との面会は覚えていた。

「福山さんの部屋の前に並んで呼び込みがあった時じゃないかな。塚原さんは自治医科大で研修した時に彼もいたので、彼の名前は覚えている。それから伊藤さん。前に放医研の総務部長だったので覚えています」

なぜ官邸を訪れたのか。

「呼ばれて行った。自分で行きたいとは全く思わなくて。自分の意思で政治家に会いに行くことはない。誰かに来いと言われたか。僕らが行くのは線量のことになる。どれくらいになるか、どうすればいいかということで行ったんじゃないか」

当時の状況認識として明石氏は「内部被ばくはゼロのはずはないんだろうけど、外部被ばくの方が大きいんだろうと判断したと思います」と語った。重きを置いていたのは甲状腺の問題ではなく、外部被ばくだったという。

面会記録には「一〇〇ミリシーベルト」とある。甲状腺などの個別の臓器について考える際に用いる「等価線量」で語ったのか。被ばくが全身に及ぼす影響を議論する際に使う「実効線量」だったのか。明石氏は「実効線量です。空間線量率から一〇〇になることはないと判断しました。正門前とか」と語り、「疫学調査は不要」については「一〇〇ミリシーベルト未満の集団だと、ものすごく数がいないと差が出てこない。だから疫学調査をやっても意味を持たない。科学的には何も言えないという意味で言ったんだと思います」と述べた。

疫学調査では通常、線量の程度に応じてグループ分けし、線量が多い集団ほど病気の数が増えていれば「被ばくの影響あり」と分析できる。ただ、実効線量で一〇〇ミリシーベルト未満だと発症の確率が相当低いため、集団ごとに病気の数などを比べようにも集団ごとの人数が相当に多くないと差が出ない。だから調査しても何も言えない。明石氏の説明はそういうことだろう。

気になった点があった。甲状腺内部被ばくについては何も語らなかったのかという点だった。実効線量は主に外部被ばくの影響を分析する際に使われる。その点を踏まえ、「外部被ばくにしか言及しなかったのか」とぶつけると、明石氏は「違う、違う」と答え、「内部被ばくについて当時全く考えていなかったわけではない」と述べた。

明石氏が持ち出したのは政府の甲状腺被ばく測定だった。等価線量を分析した結果、「三八（ミリシーベルト）か四三か四六だったような気がするんですよね、一番高いと言われていたのが。そのデータからはそんなに高くならない。甲状腺については五〇ミリシーベルト、一〇〇ミリシーベルトになる人はいないだろうと認識していた」と語った。明石氏に「甲状腺内部被ばくはそれほど多くなかったという認識だったんですか」と改めて尋ねると「五〇や一〇〇ということではなくて」と繰り返し、甲状腺がんなどの疫学調査については「意味は多分ない」と答えた。

原発近くからの逃げ遅れの可能性を尋ねると「近いところの方がリスクは高いと知っていた。ただ、早い時間に逃げたというのが前提だった。逃げない人がいなかったかは知りません。大多数の集団は避難しているということが前提で全てやってきたと思います」と述べた。

明石氏の説明を整理すると、こう理解できる。「甲状腺内部被ばくは等価線量で五〇ミリシーベルト、一〇〇ミリシーベルトになる人はいない」というのが大前提で、「外部被ばくの方が重要と考えた」「空間線量を考えると実効線量で一〇〇ミリシーベルトにならない」「だから疫学調査は不要」ということだろう。

「被ばくの話は終わり」という進言は文科省にも行われた。情報開示請求で得た文書の中には、放医研が五月九日に文科省へ送った文書があった。前日に被ばく医療に関する公明党の提言が文科省から放医研にメールで送信されており、その返信という形で九日の文書がまとめられた。ここでは「幸いにして住民は障害の発生する線量を受けていないと推定される」「住民の『心の安寧』を醸成することが重要」とあった。文科省の方がどうかと言えば、五月一一日に副大臣の鈴木寛《かん》氏に対して事務方が「住民への放射線影響は結果として科学的には問題とならない程度」と語ったことを記録した文書が残っていた。

一連の幕引きを図る上で重要な役回りを担ったのが放医研や明石氏だった。しかし、彼らが主体的に動いたのだろうか。明石氏は官邸で「疫学調査不要」と進言した。しかし、自分の意思で官邸に行ったわけではなかったという。

官房副長官の福山氏が幕引きの言葉を欲したのか。面会記録には明石氏の発言に続き、「(福山) やらないという選択肢はなく大切なことであるので、進めてもらいたい」と書いてあるので、絵を描いたのは福山氏ではないように思える。一方、同席者として挙げられた経産省の西本氏、文科省の伊藤氏、厚労省の塚原氏が明石氏の進言を遮ったという趣旨の記述はなかった。

このうちの誰かが明石氏に進言を依頼したのか。誰も明石氏に異論を述べていないことを考えると、三人で明石氏に頼んだのか。それとも他の誰かが指示したのか。

解明の矛先

取材の成果を整理すると、次のようになるだろう。

第一原発で最初に爆発があったのは三月一二日午後三時三六分。政府は朝の段階で第一原発の一〇キロ圏に避難指示を出したが、原発の北西三キロの双葉町役場周辺に住民らが残っていた。夜には避難区域が二〇キロ圏まで広がった一方、一三日朝には放医研の対策本部会議で「双葉地区住民はハイリスク群」と見立てられた。第一原発では一五日までに計三回の爆発が起き、第一原発の二〇〜三〇キロ圏が屋内退避区域になった。

五日後の二〇日、県庁五階を拠点にした政府の現地本部に放医研の保田浩志氏が到着し、医療班の班長代理に就いた。保田氏は二一日、広範な放射能汚染を心配し、二〇キロ圏だった避難区域の外側でも避難が必要かどうか原安委と協議した。放医研の同僚で医療班長だった立崎英夫氏も避難区域の見直しを考えていた。

政府の原災本部の中でも二二日、二〇キロ圏だった避難区域の変更論が浮上し、原安委も翌二三日にSPEEDIの推計結果を得ると、官邸に区域変更を提案した。SPEEDIの推計では甲状腺等価線量で一〇〇ミリシーベルト以上の地域が主に北西や南に広がり、第一原発から五〇キロ離れた場所まで伸びていた。ただ官邸側が推計の精度を問題視したため、二〇キロ圏外で甲状腺内部被ばくの程度を実際に測った上、避難が必要かどうか判断することになった。

二四日からの測定は政府の現地本部医療班が主体になった一方、文科省も深く関与した。医療班長は保田氏だったようだが、文科省は放医研を通じ、別の医療班員に指示を出した。

この測定は、県庁西隣の県自治会館を拠点にした「緊急被ばく医療調整本部」の面々も協力した。調整本部には、文科省の依頼で各地の大学などから専門家が集っていた。

測定を進める上では、放射性ヨウ素の半減期の問題から、「測る時間がわずかしか残されていない」と判断された。そのため、測定対象を絞り込み、甲状腺等価線量が高いと見込まれた地域で測った上、他地域の状況も評価することにした。

具体的には、避難や屋内退避の指示が出ていない第一原発の三〇キロ圏外が「最も線量の高い地域」と判断され、SPEEDIやモニタリングのデータから、より線量が高いと見込まれた川俣町と飯舘村、大都市のいわき市が測定対象に選ばれた。

川俣町と飯舘村では計四カ所の測定会場を設けた。第一原発から北西に三五~四五キロ離れていた。いわき市の会場は一カ所で、原発の南四五キロにあった。調べた一〇八〇人はいずれも一〇〇ミリシーベルト相当の基準値を下回ったため、他地域もこれを下回ると判断された。

そもそも政府の測定は、二〇人程度を調べて終わる予定だった。測定初日の昼すぎには現地本部医療班から「サーベイは完了」という報告もなされていた。官邸から継続の指示があり、その後も測定は続けられたが、三〇日には終わった。「測る時間がない」と判断されたためだった。しかし実際には、測る時間はまだ残されていた。四月一二~一六日には弘前大教授の床次真司氏らのグループが福島県内で測定を実施していた。調べた人数は六二人で、甲状腺等価線量は最大三三ミリシーベルトだった。床次氏のグループは、より多くの人たちを調べたいと考えていたものの、福島県から「不安をあおる」と電話を受け、やむなく打ち切った。

床次氏らが測定を行う直前の四月八日、事故対応の関係省庁が集う会議が開かれ、政府の原災本部の下に設けられた「原子力被災者生活支援チーム」が「20㎞圏外に避難した住民は、避難の過程で浴びた線量は十分少なく健康上問題無い」と記した文書を配布した。原発近くから避難した人たちは政府の測定で対象外になったのに「健康上問題ない」と周知した。

放医研の事故対応でナンバー2だった明石真言氏は四月二六日夕、官房副長官の福山哲郎氏と面会した。「住民の被ばく線量は一〇〇ミリシーベルトに至らず」「疫学調査は不要」と進言した。多くの人たちの甲状腺内部被ばくを測っていないのに「被ばく線量は少ない」「被ばくの影響で健康被害が出るかどうか調べても意味がない」と提言したことを意味していた。ただ、明石氏は誰かに呼ばれて官邸に赴いた。自分の意思で行ったわけではなかった。

四日後の四月三〇日、調整本部が置かれた県自治会館の会議に徳島大教授の誉田栄一氏、同大講師の佐瀬卓也氏が出席した。避難者らの体に付いた汚染の程度を調べるスクリーニングを手伝うために福島入りしていた。

徳島大の二人は二七日に会津保健福祉事務所の放射線技師、井上弘氏から聞いた話を基に「双葉町から避難した一一歳の少女が甲状腺等価線量で一〇〇ミリシーベルトを超えた可能性がある」と報告した。しかし放医研職員を名乗る男性は「住民の被ばくは問題ない」と反論した。

徳島大の二人の報告は文科省のメールを通じ、放医研に伝わった。五月二日にあった放医研の対策本部会議では、被ばく線量評価部長だった山田裕司氏が改めて少女の甲状腺等価線量を計算し、「一〇〇ミリシーベルト程度」と報告した。

原発近くからの避難者は、政府の測定の対象外だった。第一原発がある双葉町から避難した少女は測定から漏れた公算が大きかった。「いないはずの一〇〇ミリシーベルトの人がいた」「政府の測定は線量が高い人を対象外にしてしまった」という問題を示唆するのが少女の計算結果だった。しかし放医研は特別な対応を取らず、公表も見送った。


政府が「住民の甲状腺内部被ばくは問題ない」と主張したい動機はあると考えていた。

もし原発近くにいた人たちに対する避難指示が遅れ、被ばくさせたと判明したらどうなるか。避難指示の範囲が狭かったせいで自宅にとどまり、被ばくさせたと判明したらどうなるか。「住民を被ばくから守らなかった」と追及を受けることになるだろう。だからこそ「住民の被ばくは問題ない」と主張したかったのではないか。「被ばくを防ぐための指示は適切に出すことができた」と言いたかったのではないか。

「適切な指示」が強く意識されていた痕跡は情報開示請求で入手した文書に残っていた。

先にも触れた通り、放医研の明石氏は四月二六日夕に官邸で福山氏と面会している。この直前の午後一時すぎ、文科省から放医研に全一一枚の文書が送られていた。情報開示請求によって放医研から入手した。

一枚目の表題は「住民の線量評価の実施について」とあった。「本日の官房副長官レク資料です」と手書きされ、出席予定者が記されていた。本章の「幕引きの進言」で触れた名簿だ。放医研の明石氏のほか、経産省の西本氏、文科省の伊藤氏、厚労省の塚原氏の氏名が記されていた。二枚目の表題は「論点」だった。具体的には「政府の避難指示は、十分余裕を持って出されていたか」「高い累積被爆（註：原文ママ）線量が認められた者に対しては、どのようなケアを行うべきか」「疫学調査の必要性について」の三つが書かれていた。残り九枚には福島第一原発や周辺の空間線量、避難区域の人口などが記されていた。

一枚目に氏名が挙げられた面々は二六日午後五時すぎ、官房副長官の福山氏と面会したようだった。そして、「呼ばれて行った」という放医研の明石氏が二枚目の「論点」に沿うように「住民の被ばくは一〇〇ミリシーベルトに至らず」「疫学調査は不要」と進言した。その点を踏まえると、誰かが「政府は適切に避難指示を出した」「住民の被ばくは問題ない」「疫学調査は不要」と進言する筋書きを事前に作り、明石氏に「専門家からの進言」を頼んだのではないか。簡単に要点を押さえたのが三つの論点だったのではないか。

推測に頼る部分が多い。しかし少なくとも、論点が書かれた文書を見る限り、官房副長官、経産省、文科省、厚労省、放医研の面々が一堂に会した際に「政府の避難指示は、十分余裕を持って出されたか」が強く意識されていたとは言えるはずだ。

さらなる解明の進め方を考える中で、特に看過できない局面があることに気づいた。

そもそも測り始めるのが遅かったのではないか。測定の端緒も不自然だったのではないか。

チェルノブイリの経験を踏まえれば、福島原発事故が起きる前から甲状腺内部被ばくを強く意識するはずだった。甲状腺被ばく測定を実施しておかないと、被害者の救済がままならないことも簡単に分かるはずだ。半減期の問題で後々測定できなくなることも分かるはずだ。

そう考えると、行政側は事故に備え、甲状腺被ばく測定を行うための準備をしていたのではないか。資機材を用意し、測定の手順も決めていたのではないか。半減期の問題を考えれば、早く測り始めたいはずだった。そのための準備をあらかじめ整えていたのではないか。

実際には三月二四日に政府の測定が始まった。最初の爆発から二週間近くたっていた。「二〇キロ圏だった避難区域を拡大すべきかどうか」「まずは区域外の状況を確認する必要がある」という話が出てきたため、甲状腺被ばく測定を実施し、実際の被ばくの状況を確認することになった。この話の流れだと、「避難区域の拡大をどうする」という議論がなければ、誰も測定を受けなかったことになる。それはおかしくないか。

震災発生から測定の開始までの間に何が議論されていたのか。事故前に測定の準備をしておらず、先送りに先送りを重ねたということなのか。測定の手順は決めてあったものの、想定に反して測定しなかったということなのか。これらの解明こそ必要だと考えた。

第四章　二〇一一年三月一七日

本来の対応

政府の甲状腺被ばく測定が始まったのが三月二四日。震災発生から既に二週間ほどたっていた。この時期まで測定が行われなかったのはなぜか。行政側は事故前にどんな住民対応を想定し、事故直後にどう振る舞ったのか。

一応の手掛かりはあった。政府事故調の最終報告だ。「Ⅳ　福島第一原子力発電所における事故に対し主として発電所外でなされた事故対処」には「住民の被ばく」という項目があり、避難者向けに行われたスクリーニングについて説明していた。

一般的にスクリーニングとは、体の表面に付いた汚染の程度を調べる「体表面汚染測定」を指す。最終報告も「体表面に放射線量を測定する機器（サーベイメータ）をかざすなどして、汚染の程度を測定する」と説明する。第一章の「一〇〇ミリシーベルトの少女」は二〇一一年三月一三日から一五日の間に郡山市内でスクリーニングを受けたということだった。

スクリーニングの目的について最終報告は「除染等を行う必要があるかどうかを判断するため」と記していた。除染とは、汚染を取り除く作業のことだ。福島県が事故前にまとめた「緊急被ばく医療活動マニュアル」にも触れ、スクリーニングの基準値として一平方センチメートル当たり四〇ベクレルが採用されていたこと、福島県が保有するGMサーベイメータの計測値で一万三〇〇〇cpmに相当すると紹介した。ベクレルは放射能の量を示す単位。cpmは測定器で一分間に捉えた放射線の数を示す。放射性物質は放射線を出すため、どれだけ放射性物質が付着しているかは、放射線の数を調べることで大まかに把握できる。

以上の内容を整理すれば、福島県は事故時にスクリーニングを行い、GMサーベイメータで一万三〇〇〇cpmに達する場合には除染などを行うことを想定していたことになる。

政府事故調の最終報告は、さらに次のように続けた。

第一原発で最初に爆発があった三月一二日以降、福島県は避難者向けのスクリーニングに取り組んだ。この日の夜から第一原発の二〇キロ圏は避難区域になっていた。

政府の現地本部ではこのころ、スクリーニングの基準値を見直す議論が行われた。事故対応の中核を担う原災本部に対し、現地本部は前線で対応策を練る役割を担っており、当初は第一原発から南西に五キロの距離にある福島県原子力災害対策センター（大熊町）内のオフサイトセンター（OFC）を拠点にした。

現地本部は三月一二日から基準値の検討を始めると、一三日午前までに「一平方センチメートル当たり四〇ベクレルまたは六〇〇〇cpm」という案をまとめた。現地本部に派遣された専門家の測定器を使った場合、一平方センチメートル当たり四〇ベクレルは六〇〇〇cpmに相当するため、県の基準値とは違う値が出てきた。

ただしこの基準値が記された文面は、OFCに派遣されていた県職員が受け取ったものの、県災害対策本部の救援班に渡さなかったため、現地本部が示した基準値は県のスクリーニングに反映されなかった。うまく伝達されなかった理由は記されていなかった。

基準値を見直す議論は福島県や原安委も行った。

県は一三日に専門家を交えて話し合った際、除染で使う水が足りないことなどが考慮され、基準値を一〇万cpmまで引き上げるべきだという意見が大勢を占めた。県は一四日以降、全身除染を行う基準値を一〇万cpmとした。一万三〇〇〇～一〇万cpmの場合はふき取りを行うことにしたが徹底されず、一〇万cpm未満の人には全く除染を行わないケースもあった。

原安委は一九日、放医研の緊急被ばく医療研究センター長からの要請を踏まえ、「スクリーニングの基準値は一〇万cpmで構わない」とお墨付きを与える見解をまとめた。国際原子力機関（IAEA）が二〇〇六年に作成した文書「Manual for First Responders to a Radiological Emergency」にある基準値に照らせば、一〇万cpmに引き上げても問題ないという放医研の判断に基づいていた。政府の現地本部も二〇日、同様の見解を文書にまとめ、各所に伝えた。

政府事故調の最終報告を読む限り、震災発生から一〇日ほどの住民対応に関しては、若干の混乱や基準値の変更こそあったものの、特別な問題は生じなかったように思える。県が臨機応変の対応を取ったような印象すら受ける。しかし、政府事故調が正確に事実関係を伝えたとは言いがたかった。事故前に想定された対応がどんな内容だったのか正確に伝えなかった。本来取るはずだった対応が省かれてしまったことも伝えなかった。

事故前に想定された住民対応の手順は、相当な時間を割いて調べた自負があった。

先に触れた通り、私は特別報道部から異動した時期があり、関係者取材を進めることができなくなった。古巣復帰がかなうまで漫然と待つのではなく、できることをやろうと考えた。それが「事故前に想定していた住民対応とは何だったのか」を把握する作業だった。

幸い、異動先でもできることが多かった。国レベルの議論は原安委が中心になって実施しており、一九七〇年代以降に開かれた会合の配布資料や議事録などはウェブサイトで公開されていた。住民対応の手順を定めたマニュアル類も探した。国立国会図書館や各地の図書館の蔵書検索でめぼしい報告書などを見つけると、休みの日を利用し、所蔵する図書館に行ったり、最寄りの図書館に取り寄せたりした。

事故前に想定された住民対応の手順はどんな内容だったのか。事故後にどんな対応が取られたのか。以下で詳しく見ていく。

避難者の甲状腺も測るはずだった

原発事故が起きた際の役割分担はあらかじめ決めてあった。

災害対応の基本方針は、災害対策基本法が規定している一方、原発事故の対応方針は特別法に当たる原子力災害対策特別措置法でも定めている。

二つの法律を踏まえ、詳しい役割分担などをまとめたのが「防災基本計画」と「原子力災害対策マニュアル」だ。防災基本計画は、災害対策基本法で作成が求められており、基本計画の内容を分かりやすく整理したのが原子力災害対策マニュアルになる。これらによれば、時の首相が原子力緊急事態宣言を出した際には、政府は原子力災害対策本部（原災本部）と原子力災害現地対策本部（現地本部）を設けることになっていた。前者の事務局は経産省の緊急時対応センター（ERC）に置き、事故対応の中核を務める。後者は原発近くのオフサイトセンター（OFC）を拠点にする。自治体を交え、原子炉や汚染拡散の情報を集めながら避難や屋内退避などの方針を固めた上、原災本部にうかがいを立て、具体的な指示を各所に出すことになっていた。

ただ、被ばくの恐れがある住民を対象にした対応は、都道府県が担うとされた。

具体的な記述は、防災基本計画の原子力災害対策編のうち、「第2章　災害応急対策」の「第6節　救助・救急、医療及び消火活動」にある。この節の「2　医療活動」では、「都道府県は……医療班、救護班を編成し、緊急被ばく医療活動を行う」と記されていた。「緊急被ばく医療活動」とは、被ばくの恐れがある住民への対応を意味する。

福島県は防災基本計画にある役割分担に従い、住民対応の手順を文書にまとめていた。二〇〇四年に作成した「緊急被ばく医療活動マニュアル」だ。これは情報開示請求で入手できる。

災害対策基本法は政府に対して防災基本計画の策定を求めた一方、都道府県には地域防災計画の作成を指示していた。地域事情を踏まえ、都道府県の備えを書き記しておくのが地域防災計画になる。福島県のウェブサイトで公表されていた地域防災計画の一〇年度版を見ると、原子力災害対策編の「緊急被ばく医療活動の実施」という項目で、「具体的な活動手順等については、緊急被ばく医療活動マニュアルに定める」と書かれていた。つまりこのマニュアルは、位置づけが曖昧な文書ではなく、「災害対策基本法に基づき、福島県が住民対応の手順をまとめた公的文書」という重みを持っていた。

福島原発事故の前に福島県が想定していた住民対応の手順はどんな中身だったのか。

県のマニュアルの「Ⅲ　緊急被ばく医療活動の具体的手順」に目を通すと、まず「(1) 救護所の開設」「(2) 被災住民の登録」という項目があった。原発事故が起きた際には、避難所に救護所を設け、避難してきた住民の住所や氏名を確認することになっていた。

続いて記載されていたのが「(3) 身体汚染検査」という項目だった。避難してきた人の体に付いた汚染の程度を測ると記されていた。いわゆるスクリーニング、GMサーベイメータを使った体表面汚染測定のことだ。「Ⅱ　緊急被ばく医療体制」では、スクリーニングの基準値が記されていた。「40Bq／㎠」とあった。この辺りは政府事故調の報告書の通りだった。最終報告によれば、県のマニュアルはスクリーニングの基準値を一平方センチメートル当たり四〇ベクレルと記載しており、GMサーベイメータの計測値に換算すると、一万三〇〇〇cpmに相当する値と解説していた。

最終報告は、スクリーニングの目的として「除染等を行う必要があるかどうかを判断するため」と記していた。スクリーニングで基準値に達した人には、除染を行うことが想定されていたことになる。しかし県のマニュアルを読むと、スクリーニング後に想定されていたのは除染だけではなかった。マニュアルの項目で言えば、「(3)身体汚染検査」の後に、被災者の健康状態などを聞き取る「(4)問診と説明」、そして「(5)一次除染」と続いていたが、さらに「(6)頸部甲状腺検査」という項目が設けられていた。

詳しく中身を読むと、次のような流れになっていることが分かった。

原発近くから避難所に逃れてきた人たちにはまず、体に付いた汚染の程度を調べるスクリーニングを行う。用いる測定器はGMサーベイメータ。「一平方センチメートル当たり四〇ベクレル」という基準値に達すると、問診を経て除染を行う。体の汚れを取り終えた人たちに対しては、NaIサーベイメータを使った甲状腺被ばく測定を実施する。

内部被ばくをつかむためには、放射線の中でも体内から体外へすり抜けるガンマ線を捉える必要があった。ガンマ線をよく捕捉するのがNaIサーベイメータだった。

県のマニュアルに従えば、原発近くからの避難者には、「スクリーニングの基準値に達した場合」という条件付きながら、甲状腺被ばく測定を行うことが想定されていた。しかし事故後、県が避難者向けに甲状腺被ばく測定を行ったという話は報じられてこなかった。政府事故調の報告書にも掲載されていなかった。政府が二〇一一年三月二四～三〇日にＮａＩサーベイメータによる甲状腺被ばく測定を行ったが、避難者は対象から外された。

県のマニュアルが避難者向けの甲状腺被ばく測定を想定しながら、事故後に行われなかったのはなぜか。スクリーニングで基準値に達する人が誰もいなかったのか。

それを読み解く上でカギになるのが、スクリーニングの基準値だった。「一平方センチメートル当たり四〇ベクレル」と設定されたが、この値が採用された理由は記されていなかった。政府事故調の報告書でも採用の理由について記載がなかった。

スクリーニングも甲状腺を意識していた

政府事故調の最終報告には、一平方センチメートル当たり四〇ベクレルの汚染がある場所を福島県のＧＭサーベイメータで測ると計測値は一万三〇〇〇ｃｐｍになると書かれている。汚染された場所から相当数の放射線が出ており、それだけの計測値になるということだろう。

これだけの汚染が体に付くと、その人の体や周囲の人に放射線が当たり、かなりの被ばく線量になるということか。その線量はどの程度か。なぜその線量でふるい分けようとしたのか。所管する県地域医療課に尋ねたが、「なぜこの数字にしたか、記録がない」ということだった。

それでも事故前後の議論を丹念に洗い出すと、解明の手掛かりを見つけることができた。その一つは、原安委が開いた会合の速記録だった。

原安委のウェブサイトで公表されている分のうち、二〇〇八年三月一八日の「緊急被ばく医療のあり方に関する検討会」の速記録によれば、国立保健医療科学院の生活環境部長だった鈴木元《げん》氏が「原子力安全研究協会等でスクリーニングレベルの案は出されている」と発言していた。この鈴木氏は一カ月後の四月三〇日に開かれた原安委の被ばく医療分科会にも出席していた。速記録を見ると、鈴木氏の発言として「スクリーニングレベルというものは実際にはつくられている」「原子力安全協会（註：原文ママ）のほうの委員会で初期被ばく医療に関するマニュアルをつくって……それが実際の地方のマニュアルの中にはそのまま引き移されている」と記されていた。

鈴木氏の言葉通りなら、原子力安全研究協会が事故前にスクリーニングの基準値を盛り込んだマニュアルをまとめており、福島県をはじめとした地方のマニュアルのひな型になったということになる。鈴木氏は、事故から九カ月ほどたった一一年一二月七日の被ばく医療分科会で、自身について「スクリーニングレベルを作ってきた人間」と明かしていた。原子力安全研究協会のマニュアル作りに鈴木氏も参加したということなのか。

原子力安全研究協会のウェブサイトによると、この協会は一九六四年に設立された財団法人で、学識経験者らの協力を得ながら原子力の安全性に関する研究を行ってきた。

まずは原子力安全研究協会が作成したマニュアルを入手することにした。各地の図書館のウェブサイトで蔵書検索してみると、原子力安全研究協会が緊急被ばく医療関連のマニュアルを何冊も作成していたことが分かった。鈴木氏がいた国立保健医療科学院や放医研、日本医師会の図書館にあり、最寄りの図書館に取り寄せるなどして、中身を確認してみた。特に目を引いたのが、原子力安全研究協会が一九九三年にまとめた「緊急時医療の知識－第1次緊急時医療活動－」だった。文科省の前身組織に当たる科学技術庁の委託事業として作成していた。「緊急時医療の基本的考え方」という項目を見ると避難者対応のフロー図が記されており、続く「緊急時医療の具体的手順」などで詳しい内容が書かれていた。

避難施設に逃れた人にはGMサーベイメータを使い、体に付いた汚染の程度を調べるスクリーニングを行うことになっていた。「一平方センチメートル当たり四〇ベクレル」という基準値に達した人には除染を行い、体に付いた汚染を取り除いたら、NaIサーベイメータで甲状腺被ばく測定を行うと記されていた。

つまり「緊急時医療の知識」で書かれていた住民対応の手順は、福島県のマニュアルに書かれていた分とおおむね一致していた。鈴木氏の言う「地方のマニュアルに引き写された原子力安全研究協会のマニュアル」は「緊急時医療の知識」ということか。

鈴木氏に取材を申し込んだ。国際医療福祉大の教授になっており、栃木県大田原市のキャンパスにある同大のクリニックで院長を務めていた。取材は学内で応じてくれた。

まず「緊急時医療の知識」の写しを見せた。鈴木氏は「かなり昔ですね。これを作っていた時、メンバーで入っていました」と認めた。原子力安全研究協会は住民対応のマニュアルなどをまとめる際、外部の専門家の協力を得ていた。鈴木氏はその一員として携わっていた。

「緊急時医療の知識」の作成は一九九三年。当時、放医研に所属していた鈴木氏は作成の経緯を覚えていた。

「(八六年の)チェルノブイリ原発事故なんです。チェルノブイリみたいに一般公衆が被ばくする事故も起こり得る。それでどういう対応フローを作るかということになりました。分かりやすくするというのが意識したところですね」

「緊急時医療の知識」はどう用いられたのか。

「これに基づいてほとんどの自治体がマニュアルを作っているんです。ほとんどがこれを引き写しています。福島県も一緒です」

福島県のマニュアルのひな型はやはり、原子力安全研究協会の「緊急時医療の知識」ということだった。県のマニュアルの「はじめに」では、マニュアルの初版は九五年に策定したと記されていた。この二年前の九三年に原子力安全研究協会がまとめた「緊急時医療の知識」から対応手順や基準値を引き写したということだろう。


「緊急時医療の知識」には、スクリーニングの基準値として「一平方センチメートル当たり四〇ベクレル」を採用した理由が記されていた。巻末にある「付録2　緊急時医療の放射線測定におけるスクリーニングレベル」で次のように説明されていた。

「呼吸により放射性の131Iを含む放射性プルームからの空気を吸入した場合、その131Iによる甲状腺の線量が0・1Sv（10レム）になるとして、そのような放射能濃度の空気にさらされた（その程度は、〝濃度×時間〟で表される。）とき、体表面に付着すると予想される放射能の表面汚染密度をスクリーニングレベルとしています」

「放射性の131I」とは放射性ヨウ素、放射性プルームとは放射性物質を多く含む空気の一団のことだ。解説文自体は非常にわかりにくいが、おそらくこういうことだろう。

「放射性ヨウ素を含んだ空気の一団にさらされると、呼吸によって空気中の放射性ヨウ素を体内に取り込み、甲状腺内部被ばくを受けることがある。甲状腺等価線量で〇・一シーベルト、つまり一〇〇ミリシーベルトになることもある。一方で、放射性ヨウ素を含んだ空気の一団にさらされた際には、体の表面に放射能汚染が付く。呼吸による甲状腺内部被ばくで一〇〇ミリシーベルトになるほどの空気にさらされた場合、体に付く汚染がどの程度になるか分析した結果、一平方センチメートル当たり四〇ベクレルという結果が得られた。以上を踏まえ、スクリーニングの基準値として一平方センチメートル当たり四〇ベクレルを採用した」

つまりスクリーニングを行う上で念頭に置いていたのは、「甲状腺等価線量で一〇〇ミリシーベルトになり得る人をふるい分ける」という点で、それだけの被ばくをもたらす空気の中にいると一平方センチメートル当たり四〇ベクレルの汚染が体に付くと考えられるため、その値を基準値として採用したということだろう。

事故の一年ほど前に当たる二〇一〇年一月二六日の原安委被ばく医療分科会でも、そうした説明がなされていた。速記録を見ると、原子力安全研究協会の放射線災害医療研究所の副所長、衣笠達也氏が「40 Bq／㎠がどういうところから出てきたのかということで、一定の根拠があるということをお示ししたい」と切り出した上、「スクリーニングレベルを決定する際に何に的を絞ったのか」「放射性ヨウ素の吸入というものを考えている」「放射性ヨウ素の吸入、甲状腺に影響を与えるわけなんですけれども、それを幼児を基に計算して100mSvというところに基づいている」と述べた。さらに一平方センチメートル当たり四〇ベクレルの汚染がある場所をGMサーベイメータで測った場合の計測値が一万三〇〇〇cpmになると紹介していた。

衣笠氏は計算の仕方も解説していた。同じ内容は「緊急時医療の知識」の「付録2　緊急時医療の放射線測定におけるスクリーニングレベル」にも記されていた。

要約すると、次のような内容になる。

「甲状腺等価線量を導くには通常、どれだけ放射性ヨウ素が舞っていたか（大気中濃度）、その場にどれだけいたか（滞在時間）、呼吸でどれだけ空気を体内に取り込むか（呼吸率）といったデータが必要になる。避難した人たちの体に付いた汚染の程度を調べれば、どんな大気中濃度の場所にどれだけの時間いたかを大まかに見積もることができ、『呼吸率はおおむねこの程度』と仮定を置けば、甲状腺等価線量を概算できる。甲状腺等価線量で一〇〇ミリシーベルトになり得るのがどんな時か解析した結果、一平方センチメートル当たり四〇ベクレルの汚染が体に付いた場合と導くことができた」

体に付く汚染の程度から甲状腺等価線量を見立てる方法も仮定を置いた推計のため、誤差が生じ得るものの、衣笠氏は「放射線医学的に一定の根拠がある」「合理性はあるだろう、こう申し上げて良いと思います」と説明していた。

除染を挟む意味

福島県のマニュアルに従えば、スクリーニングの基準値に達した場合、除染後にNaIサーベイメータによる甲状腺被ばく測定を行うことになっていた。かなりの甲状腺内部被ばくに見舞われた可能性がある人に対し、甲状腺被ばく測定を行おうとした意図は理解できた。その一方で引っかかる点もあった。除染の意味をどう捉えたらいいかという点だった。

当初は「体に汚染が付いたままだと、その人や周囲に大きな影響を与える」「だから除染しなければならない」という趣旨かと考えた。しかし必ずしもそうではないと思うに至った。

「緊急時医療の知識」の「付録2　緊急時医療の放射線測定におけるスクリーニングレベル」には、「一平方センチメートル当たり四〇ベクレル」の汚染が体に付いている場合、どの程度の被ばく線量になるか記載されていた。計算したのは二つのパターンだった。

一つは、体に付いた放射性ヨウ素が皮膚から体内に取り込まれ、甲状腺に集まって内部被ばくを起こすパターン。具体的には、幼児の体表面積の三分の一に一平方センチメートル当たり四〇ベクレルの汚染が付き、それが三日間続いた場合を想定して計算した結果、甲状腺線量は一〇ミリシーベルトで「比較的小さな線量」と導いた。

もう一つは、体に付いた放射性ヨウ素が皮膚に及ぼす被ばくの影響を計算していた。一平方センチメートル当たり四〇ベクレルの汚染が三日間続いた場合でも皮膚線量は四ミリシーベルトで「一過性紅斑が起きる3〜5Svに比べて遥かに小さい」と判断していた。

つまり、一平方センチメートル当たり四〇ベクレルの汚染が体に付いたままでも、その人にそれほど影響を与えないと試算していたことになる。

そうすると、除染の主目的はどう捉えればいいのか。おそらく次のような意図が込められていたのではないかと解釈した。

甲状腺被ばく測定はNaIサーベイメータをのどに当てた上、体内の甲状腺から出る放射線を測り、その結果から甲状腺に集まる放射性ヨウ素の量、その放射性ヨウ素がもたらす内部被ばくの程度をつかむことになる。体の外側に汚染が付いた状態だと、NaIサーベイメータをのどに当て、体内からの放射線を測ろうとしても、体外の汚染から出る放射線も測ってしまう。だから体内からの放射線を測る前には、体の外側の汚染を取り除く必要がある。つまり、甲状腺内部被ばくを正確に測るために除染が必要になる。除染を行えば、体に付いた汚染を取り除くことになるため、その人や周囲が被ばくせずに済むことにもなる。

「体内の汚染の程度を測る際には体外の汚染が邪魔になる」という考え方は、福島原発事故前の原安委の会合で確認されていた。

例えば一〇年一月二六日の被ばく医療分科会。「ホールボディカウンタ」が話題に上がった。前章で扱った甲状腺モニターと同様、内部被ばくの状況を正確につかむために使われる。会合では放医研の明石真言氏が「体内汚染の線量評価は簡単ではありません」「体表面にも汚染が残っていたらホールボディカウンタは当然正確なことは言えない」と述べた。同年六月一八日の被ばく医療分科会では、原子力安全研究協会の衣笠氏が「ホールボディカウンタというのは、体の中に閉じ込められた放射性物質を測定して評価したい」「体表面に付いておる部分に関しては……それどうするのという問題が、常に事故の時は出てくる」と発言した。

事故後の一一年一二月七日の被ばく医療分科会では「緊急時医療の知識」の作成メンバーだった鈴木元氏がこう述べた。

「（スクリーニングの基準値は）甲状腺内部被ばくが高そうな人をピックアップするスクリーニングをかけるという意味で作られていたものです。その後、甲状腺のＮａＩシンチレーションサーベイメータで簡易測定をする都合上、体表面の除染をするというのがペアになっておりました」

つまり「除染は甲状腺被ばく測定のため」というのが鈴木氏の説明だった。鈴木氏に取材した際に「体内の汚染の程度を測る際には体外の汚染が邪魔になる」「あらかじめ除去しておかなければならない」という理解でよいか確かめると、簡潔に「はい」と答えた。

被害の記録に重きが置かれていた

県のマニュアルが甲状腺内部被ばくを強く意識していたのは明らかだった。「Ⅱ　緊急被ばく医療体制」の「1　緊急被ばく医療活動の目的」では、「周辺住民がすぐに治療を必要とするような外部被ばくを受けることはほとんどないと考えられる。問題となるのは、放射性ヨウ素等を吸入することによる内部被ばくである」と記していたからだ。

県のマニュアルには、被ばくの状況を書き残しておく意味も書かれていた。「Ⅲ　緊急被ばく医療活動の具体的手順」の「1　避難所等における医療活動」では、スクリーニングを受ける人たちには、測定結果などを記録する「被災地住民登録票」を渡すと書かれていた。マニュアルの中には登録票のサンプルが載っており、「この登録票は、将来の医療措置や損害補償の際に参考とするものですから、紛失しないように大切に保管してください」と記されていた。測る意味はよく理解されていた。

ＧＭサーベイメータとＮａＩサーベイメータを使い分ける二段構えの測定になっていたのも、それなりの意味があるように感じていた。

手間を考えれば、最初からＮａＩサーベイメータで甲状腺被ばく測定を行いたいところだ。しかし体の外側に汚染が付いていると、不正確な測定になる。だから体に付いた汚染は取り除く必要がある。体に付く汚染の程度を調べるには、複数の種類の放射線を捕捉するＧＭサーベイメータを使うのが適している。だから「最初にＧＭサーベイメータで体に付いた汚染の程度を調べる」「その上でＮａＩサーベイメータによる甲状腺被ばく測定」となるのだろう。

二段構えにしたもう一つの理由は、ふるい分けの必要性からだろう。

県のマニュアルは「Ｉ　緊急被ばく医療の基本的考え方」「１　緊急被ばく医療の方針」で「全く医療を必要としない場合でも、多くの者が放射線障害に対して漠然とした不安や危惧を持ち、各医療施設に検査等を求めてくることが予想される」と記している。

心配していたのは、被ばくの恐れがない人らが医療機関などに大挙押し寄せ、詳しく調べる必要がある人にしわ寄せが及ぶような事態だった。混乱を避けるには、一定程度、被ばくした可能性がある人をふるい分け、優先的に測定が受けられるようにすることが必要になる。だからこそ、まずは体に付いた汚染の程度を調べ、放射性ヨウ素が多く舞う中を通ってきたと思われる人、つまり呼吸によって一定程度、甲状腺内部被ばくに見舞われたと思われる人をふるい分けた後、詳しく甲状腺内部被ばくを調べる段取りにしたのだろう。

避難所で行う住民対応は、体の汚染を調べるスクリーニングと除染、そしてNaIサーベイメータを使った甲状腺被ばく測定だったが、より深刻な甲状腺内部被ばくが確認された場合、次の段階に進む想定になっていた。県のマニュアルや「緊急時医療の知識」によれば、甲状腺被ばく測定で一シーベルト、つまり一〇〇〇ミリシーベルトに達すると判明した場合、県汚染検査室（大熊町）などに搬送し、ホールボディカウンタで測定することになっていた。深刻な甲状腺内部被ばくに見舞われた人ほど、多くの測定で丁寧に調べることを想定していた。

福島県のマニュアルが甲状腺内部被ばくを強く意識していたこと、原発近くから避難した人たちの甲状腺内部被ばくを複数の手法で把握しようとしていたのは明らかだった。測定結果を記録として残す意味もよく理解していた。

にもかかわらず、政府事故調はそう伝えなかった。避難してきた人に対して行うスクリーニングは「除染のため」と説明し、その後に予定されていた甲状腺被ばく測定についても言及しなかった。その影響を受けてか、県のマニュアルの内容が詳しく報道されることもなかった。

これらは大きな過ちだった。詳細は後述するが、県のマニュアルに照らせば、原発近くから避難した人たちの中には甲状腺被ばく測定を受けるべき人たちが少なからずいた。しかし彼らに対し、甲状腺被ばく測定は実施されなかったようだ。本来なら、県のマニュアルから乖離した住民対応を問題視しなければならなかった。

福島原発事故の直後、どんな被害が生じていたのか。行政側の対応のうち、何をたださなければならないのか。以下で明らかにしていく。

「10万cpm程度多数」

二〇一一年三月一一日の午後七時三分。東日本大震災の発生から四時間あまりたったころ、政府は原子力緊急事態宣言を出し、原災本部と現地本部を設置した。

原災本部の事務局は経産省の緊急時対応センター（ERC）に、現地本部は福島第一原発から南西に五キロ離れた福島県原子力災害対策センター（大熊町）内のオフサイトセンター（OFC）に置いた。独立行政法人「原子力安全基盤機構」の報告書「初動時の現地対策本部の活動状況」によれば、経産副大臣の池田元久氏と秘書官、保安院や原安委の職員らがヘリコプターで現地本部に向かい、一二日未明の到着後は池田氏が現地本部長として指揮を執った。

防災基本計画の上で緊急被ばく医療の主体となる県も、発災直後から対応を取り始めた。県の報告書「東日本大震災に関する福島県の初動対応の課題について」によると、一一日午後三時半には県自治会館三階に県災害対策本部を設置。先に触れた原子力安全基盤機構の報告書は、一一日深夜に副知事だった内堀雅雄氏ら県関係者がOFCに到着したと記していた。

文科省と放医研も被災地に職員を派遣した。情報開示請求で得た文科省の文書「東北・関東地域の大地震における原子力施設関係情報」などによると、文科省から防災環境対策室の田村厚雄氏と宮本啓二氏が一二日未明に現地本部へ入った。同様に開示請求で得た「文科省関係派遣者リスト」などによれば、放医研から医師の富永隆子氏と看護師の福島芳子氏、線量評価が専門の鈴木敏和氏の三人が一二日午前九時四五分に現地本部入りした。

未曽有の大震災だったため、各所で大きな混乱が生じていた。この辺りは、国会が設置した「東京電力福島原子力発電所事故調査委員会」、通称「国会事故調」が一二年七月に公表した調査報告書が詳しい。地震の影響で福島県内の通信回路は大部分が途絶えたほか、空間線量などを計測するモニタリングポストは津波による流出や地震による通信回線の切断により、正常に機能したのは二四カ所中一カ所のみになってしまった。一方で、地震や津波への対応を理由に原発事故対応の要員を派遣しない省庁があった上、第一原発で情報収集に当たるはずだった政府の原子力保安検査官が引き揚げてしまった。

情報収集や態勢作りでつまずいただけではない。

政府は一一年三月一二日午前五時四四分に第一原発の一〇キロ圏に避難指示を出したが、国会事故調が原発周辺五町の住民を対象に行ったアンケートによると、この避難指示よりも前に原発事故の発生を知っていたのは全体の二〇％以下だった。住民の多くには行政からの連絡が行き届かず、テレビなどから事故の情報を得るしかなかった。避難を始めても大渋滞に巻き込まれ、普段なら一時間ほどの距離を六時間以上かけて移動する人もいたという。

そんな中で最初の爆発が起きた。一二日午後三時三六分のことだった。午後六時二五分には避難区域が二〇キロ圏まで広がった。対象地域の住民の数は八万人近くに上った。

爆発直後に行われた避難者のスクリーニングの状況は、はっきりしなかった。政府事故調が報告書で「福島県が一二日から始めた」と伝える程度だった。

そんな中、ある測定結果を見つけることができた。実施したのは福島県相双保健福祉事務所。第一原発から北に二五キロの距離にある。この事務所が発行した「東日本大震災における活動の記録誌」によれば、政府の現地本部に促されて一二日午後六時から八人を測った。

八人の測定結果を知るため、一人一人のスクリーニング測定記録票を情報開示請求で入手すると、三人が基準値に達していることが分かった。県のマニュアルは、スクリーニングの基準値を「一平方センチメートル当たり四〇ベクレル」と設定していた。GMサーベイメータの計測値では一万三〇〇〇cpmに相当する。

それぞれの記録票のうち、「頭部」の欄を見ると、一人は一万八〇〇〇cpmで、別の一人は三万～三万六〇〇〇cpmとあった。残り一人は四万cpmで、靴の裏が一〇万cpmとも書かれていた。第一原発の北西三キロにある特別養護老人ホーム「せんだん」（双葉町）から避難した人たちの測定結果を開示請求すると、入手できた文書に同じ値が記されていた。

この測定結果は、政府の現地本部にも伝わっていたとみられる。先に触れた相双保健福祉事務所の報告書を見ると、一三日未明、事務所内にある相双保健所の所長だった笹原賢司氏がOFCから応援の要請を受け、現地本部で活動したと記されていた。

このころのスクリーニングの状況を伝える文書は他にも見つけることができた。

放医研がウェブサイトで公表していた事故対応の報告書「東京電力福島第一原子力発電所事故への対応　放射線医学総合研究所職員の活動記録」によれば、政府の現地本部に派遣されていた放医研の医師が一三日午前一一時過ぎ、第一原発から北西に四五キロほど離れた川俣町に向かい、同町内へ避難してきた双葉町民を対象にスクリーニングを実施した。

放医研から現地本部に派遣された面々を考えると、この医師は富永氏だろう。スクリーニングの対象者は一五〇人程度。「川俣町に避難している双葉町の老健施設、デイサービスの利用者ならびに職員」とある。「ほとんどの人が髪、顔、手、衣服に汚染が数万cpm」「12日の爆発時に外にいたという人は、やはり100,000cpmを超えるような汚染があった」という。

スクリーニングは福島市にある福島県立医科大でも実施されており、情報開示請求で得た文書に測定結果が記されていた。県立医科大が一三日午後九時から開いた「全体ミーティング」の議事概要を見ると、この時点までにスクリーニングを実施したのが三四人で、双葉町の住民が中心だったこと、八人が一万cpm以上だったことが報告されていた。

把握できたスクリーニングの結果の数はそれほど多くなかったが、県のマニュアルで示された基準値に到達する人が少なくない割合でいることが分かった。つまり、「甲状腺等価線量で一〇〇ミリシーベルトになり得る人」「県のマニュアルに従えば、NaIサーベイメータを使った甲状腺被ばく測定を受けるはずの人」が少なからずいたということになる。

より深刻な状況が伝わる文書も、放医研に対する情報開示請求で入手していた。

その文書はA4判一枚で、一三日の未明に作成されたようだった。具体的には、「3月13日(日) 4:49 鈴木 敏和氏より」とあった。政府の現地本部に派遣された鈴木敏和氏から派遣元の放医研に連絡があり、その内容を書きとめた文書とみられる。ここでは「県、保健所長+総括保安院課長」などの記述に続き、「10万cpm程度多数 (12万人規模の汚染者発生)」「原発北側 (双葉地区) が高線量域である。(10万cpm)」と記されていた。

似た記述は別の文書にもあった。やはり情報開示請求で得た。「現地 総括保安院課長、県の保健所長、放医研 (鈴木) との話」という表題の文書で、「サーベイ対象 12万人」「そのうち真刻 (註：原文ママ) な対象者は1万人」とあり、一三日午前五時四八分に放医研から文科省へ送られた形跡が残っていた。

この文書の更新版も入手できた。ここでは「①少数のハイリスクグループと多数のローリスクグループを分けたサーベイが必要」「②ハイリスクグループと思われる双葉地区住民、警察、

「10万cpm程度多数」と記された文書

3月13日（日）

4：49　鈴木　敏和氏より

膨大な住民避難者　12万人程度出る。

資機材、人員が大量に必要。

サーベイ班2班

・来られるときに着替え、除染用石鹸が必要

多少の水、食料残あるが、水・電気なしのため各自で持参必要。

公民館・救護所へ派遣になる。そこには何もなし。

① 2班で間違いないか？

② 何時ごろになるか？

③ 班の構成は？（4～6名など）

放射能事故です。現地で活動すると高濃度の表面汚染をすることを覚悟する必要あり。

持参する必要なもの

マスク、タイベックス、手袋、スペアー含めて十分に（自分用）

3日間の徹夜ローテーションするため、1人当たり3～5セット必要

主たる汚染物質

・セシウム137、ヨウ素131

その他（ヨウ素124）

◎OFCの室内空間線量率＝0．5μSv／h

双葉保健所　1．2μSv／h

途中の道路　2～3μSv／h

最も高い市内　255μSv／h（双葉駅近く）

この中で消防、自衛隊が注水を頑張っている。彼らは10万cpmになる。またヨウ素があるので、除染しづらい。

OFCは元のままで移動は中止。

測定器がウランとセシウムを示す。鈴木敏和氏としては確認していない。

・県、保健所長＋総括保安院課長

・長期化交替要員　3日／G　→　2～3G必要？

・ヘリのサイズを確認

・通信手段　1回線／OFC　のみ

・REMAT　衛星電話もってきてほしい。担当：濱野、高島

・10万cpm程度多数（12万人規模の汚染者発生）

判定基準：＞40Bq／cm²＝10，000cpm

・原発北側（双葉地区）が高線量域である。（10万cpm）

その他の場所は、3％程度の汚染となっている。

※情報開示請求で入手

自衛隊などを対象にモニタリング・除染を行うチームを1つ投入しサーベイ・除染すべき」「③ローリスクグループについては、別途、確認の意味での（簡易的な）サーベイ方法でよい」「①—③については、現地オフサイトセンターの意見と一致している」と記されており、「3／13　06：35」と手書きされていた。

さらにこのころ、「放医研の派遣の考え方」という文書が作成されていた。第一章の「『懸念が現実に』のはずが」で触れた文書だ。文責として「放医研対策本部」、日時として「3月13日　8：34ＡＭ」とあり、「ハイリスク群とローリスク群へのサーベイ等の対応を分けて考える」「ハイリスク群（双葉地区住民、作業者、自衛隊、警察、消防等）」「ハイリスク群対応には専門医師等の専門家が対応しなければならない」と書かれていた。

一連の文書で特に目を引いたのが「10万ｃｐｍ程度多数」「原発北側（双葉地区）が高線量」「ハイリスク群（双葉地区住民……）」といった記述だった。スクリーニングの基準値を遥かに上回る人が多数いて、双葉地区の住民がそれに該当する可能性があるということを意味していた。「10万ｃｐｍ程度多数」「ハイリスク群（双葉地区住民……）」は具体的な測定結果なのか、相双保健福祉事務所の測定結果を踏まえた「見立て」なのか、はっきりしない。それでも、第一原発が立地する双葉町からの逃げ遅れを強く危惧していたことがうかがえる。

一〇万cpmは一般的なGMサーベイメータの測定上限だ。政府、県、放医研の三者はそこまで汚染された人が多数出ると判断し、住民対応の方針を検討していたことになる。

対応手順は大幅に簡略化された

情報開示請求で得た文書によれば、避難者向けのスクリーニングでは一万三〇〇〇cpmに達する人、つまり「甲状腺等価線量で一〇〇ミリシーベルトになり得る人」「福島県のマニュアルに従えば、NaIサーベイメータを使った甲状腺被ばく測定を受けるはずの人」は少なからずいたようだった。それどころか、「10万cpm程度多数」という話まで出ていた。しかしその後、福島県が避難者に甲状腺被ばく測定を行った形跡はない。

スクリーニングの現場では早くから機能不全が起きていたようだった。

先に触れた通り、県相双保健福祉事務所が一二日に行ったスクリーニングでは八人のうち三人が一万三〇〇〇cpmに達していた。

スクリーニング後の対応は情報開示請求で得た一枚の文書に記されており、「除染ができないために、車に乗せて、男女共生センターに向かう」とあった。

福島県男女共生センターは二本松市内にある。相双保健福祉事務所から西に五〇キロ、第一原発から北西に六〇キロに位置する。相双保健福祉事務所では、甲状腺被ばく測定どころか、除染すら実施できなかったため、他に向かったということだろう。

福島県男女共生センターもスクリーニングの会場になっていた。双葉町から避難した沢上幸子さん（震災時三五歳）は一三日にスクリーニングを受けている。

勤め先の双葉町社会福祉協議会（町社協）は第一原発の北西三キロに位置する福祉施設「ヘルスケアーふたば」にあり、最初の爆発があった時には利用者のお年寄りを避難用のヘリコプターに乗せるため、近くの双葉高校の運動場で車いすを押していた。

先に触れたように、一三日には放医研の医師が川俣町に赴き、双葉町から避難したデイサービスの職員らをスクリーニングしたところ、一二日の爆発時に外にいたという人は一〇万cpmを超えるような汚染があったとされる。

沢上さんに話を聞くと、町内でデイサービスを運営するのは町社協のみだった。同僚らが一〇万cpmの汚染に見舞われた可能性が高かった。同じように爆発時に屋外にいた沢上さんも同程度の汚染が付いた公算が大きかった。その沢上さんも川俣町へ避難したが、放医研の医師が到着する前に男女共生センターへ向かい、スクリーニングを受けた。

「とにかく『ピピピ』と鳴って、『単位変えますね』って言われました」

しかし測定結果は聞かされなかった。

「着ていた服を捨てるように言われたんだけど、それがどういうことか説明もなかった」

このころ、スクリーニングの基準値を見直す議論が各所で行われていた。政府事故調の最終報告が触れている。繰り返しになるが、記載内容を改めて紹介する。

政府の現地本部は一二日からスクリーニングの基準値の検討を始め、一三日午前までに「一平方センチメートル当たり四〇ベクレルまたは六〇〇〇cpm」という案をまとめた。現地本部に派遣された専門家の測定器を使った場合、一平方センチメートル当たり四〇ベクレルは六〇〇〇cpmに相当するため、県の基準値とは異なる値が出てきた。

情報開示請求でこの基準値の案が記された現地本部の文書を入手した。表題は「指示（案）」で、「平成23年3月13日09時30分」とある。あて先として福島県知事や地元町長が挙げられている。「放射能除染スクリーニングの実施にあたっては……40Bq／cm²または6000cpmを基準として実施すること」と記されていた。表題から案が消えた文書も入手した。正式な文書だろう。作成日時は「平成23年3月13日14時20分」で、「人の放射能除染スクリーニングの実施にあたっては……40Bq／cm²または6000cpm以上を基準として除染を実施すること」とあった。

二つの文書を読んで強い違和感を抱いた。「放射能除染スクリーニング」とはどういうことか。スクリーニングは、除染を主目的にしていたわけではない。体に付いた汚染の程度から、放射性ヨウ素が多く舞う中を通った人、つまり呼吸によって甲状腺内部被ばくを多く受けた人をふるい分けるために行うはずだった。なぜ「除染スクリーニング」なのか。

「40Bq／㎠または6000cpm以上を基準として除染を実施する」という記述についても同じことが言える。県のマニュアルに従えば、基準値に達した場合には除染に加え、NaIサーベイメータを使った甲状腺被ばく測定を行うはずだった。しかし基準値に達した場合の対応として記されているのは除染だけだった。

現地本部には当時、放医研の鈴木敏和氏が派遣されていた。放医研が持つ文書で「10万cpm程度多数」の報告者として掲載されていたのが彼の氏名だった。住民対応の手順を大きく変えた理由を尋ねるために電子メールで取材を申し込むと、「東京新聞さんの取材はお受けできない」と断りの返事が返ってきた。

県相双保健所長の笹原賢司氏は一三日未明に現地本部が拠点としたOFCに入り、鈴木氏と住民対応の方針について協議したようだった。電話で取材を依頼したが、笹原氏は「記憶が曖味なまま記事になると困るので取材は断らせていただきます」と応じなかった。

政府事故調の最終報告によれば、現地本部の指示文書は福島県に届かなかったようだが、県の方でも対応手順の簡略化が検討されていた。専門家を交えて話し合ったのが一三日。基準値を一〇万cpmまで引き上げるべきだという意見が大勢を占めた。県は一四日以降、全身除染を行う基準値を一〇万cpmとした。一万三〇〇〇〜一〇万cpmの場合はふき取りを行うことにしたが、こちらは徹底されず、一〇万cpm未満の人には除染を行わないケースもあった。

実際のところ、県は一四日以降、避難者向けのスクリーニングをどう進めたのか。

スクリーニングの作業は、各地の大学などから集まった応援部隊が担った。彼らは朝晩、県庁西隣にある県自治会館四階の一室に集まった。「緊急被ばく医療調整本部」と呼ばれた場所だ。同じ建物の三階には県災害対策本部が置かれていた。

どの会場に誰が行くのかを差配したのが、日本DMAT事務局次長の近藤久禎氏だった。前章の「ハイリスク地域と拡大解釈」などに登場した国立病院機構の救急医で、一二日に来県した後、いったん岩手県に向かい、一四日に再び福島入りしていた。

近藤氏によれば、一三日の話し合いに参加した専門家は、福井大教授の寺沢秀一氏や広島大教授の谷川攻一氏らだった。スクリーニングの基準値に達した場合の対応は除染のみとなり、甲状腺被ばく測定は「後回しにした」という。

政府事故調の最終報告は「一万三〇〇〇～一〇万cpmの場合はふき取り除染」「一〇万cpmで全身除染」になったと記すが、近藤氏は「現場はそうなっていなかった」と明かし、「問題になるのは一〇万cpmということ」と尋ねると「そうだと思います」と答えた。

前章の「ハイリスク地域と拡大解釈」で触れた通り、近藤氏の名前は『医師たちの証言』という書籍で見かけた。同様にこの書籍に登場したのが、弘前大教授で救急医の浅利靖氏だった。一五日に調整本部に加わったと記されていたため、話を聞かせてもらった。

浅利氏によれば、調整本部の総合調整係だった福井大の寺沢氏が引き揚げることになったため、その後任を担うよう、放医研の明石氏から電話を受けて福島入りした。当時のスクリーニングの進め方について、浅利氏は「一〇万cpmになったら除染するという話でした。放射性ヨウ素を吸入していたらどうするかという話はなかったんですよね」と振り返った。

つまり一四日以降、スクリーニングの基準値に達する人に予定した甲状腺被ばく測定はひとまず省いた上、基準値自体も実質的には一〇万cpmに引き上げたということだった。本来なら、スクリーニングで一万三〇〇〇cpmに達すれば除染後に甲状腺被ばく測定を行うはずだったのに、基準値を一〇万cpmに引き上げ、この値に達した人でも除染しか行わないようになったという。

なぜこんな話になってしまったのか。

政府事故調は報告書をまとめるに当たり、事故対応に当たった関係者に聞き取りをした。ヒアリングの記録は内閣府のウェブサイトで公開されてきた。近藤氏が名前を挙げた谷川氏のヒアリング記録を見ると、一三日の話し合いに関する記述があった。話し合いは県自治会館の四階で行われ、スクリーニング会場で除染に使う水が枯渇していると報告されたほか、現場は非常に寒く、ずっと並んでいると低体温症になりかねないという懸念が示され、「このままの除染基準を継続すると、人が命を失う可能性があった」「除染基準を引き上げるべきだという話になり、10万cpmに引き上げるべきということで合意した」という。

この場には広島大教授の細井義夫氏もいたようで、同氏のヒアリング記録も公開されていた。一三日の話し合いは夜にあり、細井氏の回顧によれば、二本松市や福島県立医科大で行われたスクリーニングの状況として「体表面汚染の高い人が多く、自衛隊が持ってきた水がなくなってしまった」「県立医大で除染した人の中では10000cpm以上の者は多かった」「雪が降っているのに、着替えとして着せる服（上着）がない」と伝えられた。その上で「住民を守るためには避難を優先させなければならない」「普通のサーベイメータでは10万ｃｐｍ以上は測定できない」「私から10万ｃｐｍという基準を提案」に至ったという。

すんなりと理解できない文章だったが、整理するとこうなるだろうか。

スクリーニングでは体表面汚染の高い人が多かった。ただ、一万三〇〇〇ｃｐｍに達し、除染を受けるために長く待ったり、汚染が付いた服を脱いだりすると、低体温症になる恐れがあった。基準値を大幅に引き上げ、足止めする人を少しでも減らす必要があった。ＧＭサーベイメータの測定上限が一〇万ｃｐｍなので、細井氏が基準値を一〇万ｃｐｍまで引き上げるよう提案したところ、他の専門家も同意した。

調整本部で広まっていた認識について、浅利氏はこう説明した。

「基準値を一万三〇〇〇ｃｐｍのままにしたらどうなるか。除染をしようにも、洋服を脱がせると、代わりに着るものがない。除染しようにもお湯がない。せいぜい水が少しあるくらい。水を使って除染する場合、屋外でやることになる。ただ、外はものすごい寒い。雪が舞うぐらいだから。それでもやれば風邪をひく。肺炎になる。震災直後だから受け入れてくれる病院がない。死んでしまう人が出るかもしれない。肺炎で死なせたらいけないということで一〇万cpmになった。そこのところは私が調整本部に着いてからもよく議論した」

深刻な状況があったという。

「サーベイメータが振り切れるのが一〇万cpm。基準値をそれより下げると、たくさん除染が必要な人が出て対応できなくなる。非現実的ということで一〇万cpmを受け入れていた」

近藤氏も「基準値が一万三〇〇〇cpmだと、みんな引っかかる。とにかく一〇万cpmじゃないと、ということになった」と語り、「早く避難できるよう、できるだけ引っかからないような基準にしたんですか」と尋ねると「そう、そうそう」と述べた。

記録はないがしろに

入手した文書などによると三月一二日午後六時、福島県相双保健福祉事務所は避難者向けのスクリーニングを行い、八人中三人が一万三〇〇〇cpmに達していた。一三日未明には、政府の現地本部の中で「一〇万cpm程度多数」という見方が示されたようだった。一方、スクリーニングの現場では、基準値に達した人への対応がままならない状況が生じていた。

県は一三日夜に専門家を交えて話し合った。スクリーニングの基準値は一〇万cpmに引き上げられ、基準値に達した場合の対応は除染のみとなった。一万三〇〇〇cpmのままだと、たくさんの人がそこに到達し、寒い中で足止めさせてしまうという理由からだった。

早く避難させたい気持ちは分かる。ただし、看過してはいけない現実もあった。

「避難してきた人たちは一万三〇〇〇cpmに達する人がたくさん」は「甲状腺等価線量で一〇〇ミリシーベルトになり得る人がたくさん」「除染後にNaIサーベイメータを使った甲状腺被ばく測定を受けるはずの人がたくさん」を意味していたのではないか。

福島県は「一万三〇〇〇cpmに達する人がたくさん」という状況から目をそらしてはいけないはずだった。実情を書き残し、その意味を改めて考えるべきだった。しかし、記録は十分に残されなかった。何が起きていたのか曖昧になってしまった。


一四日以降に県が行ったスクリーニングは、各地の大学などから集まった専門家たちが手伝った。県自治会館四階には彼らが集う緊急被ばく医療調整本部が置かれ、日本DMAT事務局次長の近藤氏が応援部隊の仕切り役を担った。

近藤氏によると、当時はスクリーニングで「問題なし」のお墨付きを得ていないと、避難所などに受け入れてもらえないようになっていた。そうした事情を踏まえ、「『スクリーニング済』という証明書を渡すことがスクリーニングの目的になっていった」。

スクリーニングは、避難した人の中で甲状腺内部被ばくに多く見舞われた人をふるい分けるためだったのに、基準値は引き上げられ、対応手順は省かれ、目的もすり替えられた。県の認識はどうだったのか。取材を申し込むと、県地域医療課の主幹、橘内《きつない》俊之氏が応じてくれた。当時のスクリーニングには直接携わっておらず、マニュアルの作成経緯も詳しく知らなかったが、県庁内で引き継がれてきた見解についてこう教えてくれた。

「震災でスクリーニングがどう使われたかというと、避難所に入るために使われた。それを済ませていないと避難所に入れてもらえない。だから数をこなすことが優先された」

一二日の段階で避難区域は第一原発の二〇キロ圏まで広がった。対象の住民は八万人近く。二〇キロ圏外ながら自主的に避難した人も含めると、避難者は膨大な数に上った。彼らに対し、県は「スクリーニングで問題なし」のお墨付きを与えることに追われた。ひたすら数をこなすことになったという。そんな中でスクリーニングの結果は十分に書き残されなかった。

県のマニュアルに従えば、スクリーニングを行った際には、一人一人の結果をA４判表裏の測定記録票に書き込むことになっていた。氏名や生年月日、住所、スクリーニングの日時や会場、測定者名などの記入欄があるほか、頭や顔、肩や手、服などの計測値を一覧表に書き込むことになっていた。そして基準値に達した場合には別の記録票を使い、甲状腺被ばく測定の結果などを記入することになっていた。

しかし実際に事故が起きると、これらの記録票が使われないケースが出てきた。

スクリーニング会場の一つとなった福島県相双保健福祉事務所は先に触れた「東日本大震災における活動の記録誌」で「発災直後、福島県緊急被ばく医療活動マニュアルに基づき、スクリーニング測定記録表を用いて測定を開始したが、測定対象者の大幅な増加に伴い連名簿に変更せざるを得なくなった」とつづった。

「連名簿」はごくごく簡易的な記録票を指す。情報開示請求で入手すると、A４判一枚に一〇人分を書き込む様式になっていた。スクリーニングの結果を書き込む欄は「基準値超過・基準値以下」と印刷され、丸を付ける形になっていた。汚染部位や計測値を書き込む欄はなかった。

記録まで手が回っていないスクリーニング会場もあった。

県会津保健福祉事務所は三月一三日から一五日にかけ、郡山市の総合体育館でスクリーニングを行った。派遣された職員の一人、大竹香織氏は取材に対して「記録も何もないですよね。本当にこなすだけ。来た人を待たせないように」と語る。

スクリーニングの仕切り役を担った近藤氏によると、各地で行ったスクリーニングの結果は毎日、一覧表にしてまとめていた。

県自治会館四階にある緊急被ばく医療調整本部には毎日、各地からの応援部隊が集った。朝の会合では、誰がどの会場に向かうかが伝えられた。夕方の会合では各会場の結果が報告された。この報告に基づき、近藤氏らは一覧表を作成し、県に渡していた。

三月分は県に残っており、情報開示請求で入手できた。表題は「スクリーニング実績」。項目として会場名や測定人数のほか、「13，000～10万cpm未満」「10万cpm以上」の人数を書き込む欄があった。

この一覧表は大きな欠陥があった。各会場の結果のうち、「13，000～10万cpm未満」という項目で「－」が目立った。一三～一四日はほぼ全会場、一五～一七日は半数程度の会場でそうした記述になっていた。

近藤氏に「－」の意味を尋ねると「記録が残っていないということ。ゼロではないです」と答えた。スクリーニングの基準値が一〇万cpmになった影響で、会場によっては「13，000～10万cpm未満」の結果を記録しないケースが出たという。

緊急被ばく医療調整本部が
作成した「スクリーニング実績」

2011.03.14スクリーニング実績【取扱注意】

No.	チーム名	活動場所	人数［人］	13,000～10万cpm未満［人］	10万cpm以上［人］
1	県北保健福祉事務所	男女共生センター	584	—	1
2	災害医療センター	郡山市総合体育館	150	—	0
3	県中保健福祉事務所 福井県立病院	田村市総合体育館	708	3	1
4	県南保健福祉事務所	県南保健福祉事務所	206	—	0
5	会津保健福祉事務所	会津総合病院	761	—	0
6	相双保健福祉事務所	相双保健福祉事務所	519	—	0
7	いわき市保健所	いわき市保健所	110	—	0
		計	3,038	3	2
3月13日～3月14日の合計			4,356	3	2

※情報開示請求で入手

「調整本部に来た専門家には、ちゃんと報告するよう徹底できたんです。ただ、県の保健所から各会場に行った人たちは調整本部に来ない。県を通じて話が行ったと思うんですけど、行き渡るのに時間がかかった」

近藤氏と同時期に県自治会館の調整本部にいた弘前大の浅利氏もこう話す。

「あの時は一〇万cpmに基準を上げたため、それより低い場合は、いらないデータと考えられたんですよ。一〇万cpm未満なら問題ないとされた以上、仕方なかったんですけど」

政府事故調は中間報告の「V　福島第一原子力発電所における事故に対し主として発電所外でなされた事故対処」のうち、「住民の被ばくについて」でスクリーニングの結果を伝えている。測定を受けたのは二〇万人以上で、一万三〇〇〇cpmから一〇万cpmの間だったのが九〇一人、一〇万cpm以上が一〇二人と記されていた。県地域医療課の橘内氏は「近藤先生たちがまとめた一覧表の数字を足し合わせた可能性がある」と語る。

そうなると、実態を反映していない公算が大きい。先に触れたように「一万三〇〇〇～一〇万cpm」の結果が欠落しているからだ。正確に言えば「一万三〇〇〇～一〇万cpmは少なくとも九〇一人」「実際はそれより多い可能性が高い」ということになるだろう。

他にスクリーニングの結果が残っていないか、県地域医療課の橘内氏に尋ねたところ、一七日までにスクリーニングを受けた七二八六人分のデータがあると教えてくれた。

情報開示請求で入手すると、一人一人の測定日と測定会場、性別、年齢、住所がある市町村、部位ごとの計測値が一覧表になっていた。全部で五〇枚ほどに上る。橘内氏によれば、個々の測定記録票が一部残っており、それをエクセル文書に落とし込んだという。

ただ、これも致命的な欠陥があった。記録に偏りがあるからだ。例えば一三日の分を見ると、測定会場は全て田村市だった。第一原発から西に四〇キロほどの地域だ。およそ五〇〇人のデータが記載されており、一万三〇〇〇cpmに達したのは二人だった。この割合なら、手順の簡略化は不要だったのではないか。近藤氏らが作成した一覧表を見ると、一三日のスクリーニングは六会場あった。そのうちの一会場分しか反映していないことになる。他の日の分も特定の会場の記録ばかりが残る印象を受けた。これでスクリーニングの全体的な傾向を表すと言えるのか。そもそもなぜ、こんな偏りのあるデータが一覧表として残されたのか。

仕方なかったでは済まない

解明してきた内容を振り返ると、次のようになるだろう。

福島県が事故前にまとめたマニュアルは、原発近くから避難所に逃れてきた人たちにまず、体に付いた汚染の程度を調べるスクリーニングを行うことになっていた。基準値は一平方センチメートル当たり四〇ベクレルとされた。ＧＭサーベイメータの計測値で一万三〇〇〇ｃｐｍに相当する。これだけの汚染が体に付いていると、「甲状腺等価線量で一〇〇ミリシーベルトになり得る」と判断することができた。

スクリーニングで一万三〇〇〇ｃｐｍに達した場合、除染後にＮａＩサーベイメータを使った甲状腺被ばく測定を行うことになっていた。そこで一シーベルト、つまり一〇〇〇ミリシーベルトになり得ると判断された場合、避難所から県汚染検査室などに搬送し、ホールボディカウンタで詳しく測ることになっていた。

福島第一原発で最初に爆発が起きたのは二〇一一年三月一二日午後三時三六分。午後六時二五分には避難区域が原発の二〇キロ圏まで広がり、対象となる住民の数は八万人近くに上った。

このころの避難者向けのスクリーニングは断片的にしか結果が残っていないが、限られたデータを見ても、楽観視できない状況だったことが分かる。一二日に県相双保健福祉事務所が行ったスクリーニングでは八人中三人が一万三〇〇〇cpmに達した。双葉町からの避難者だった。一三日は政府の現地本部から放医研の富永氏が川俣町に向かい、双葉町からの避難者を測った。対象者は一五〇人程度。ほとんどが数万cpmだった。福島市の県立医科大では一三日夜の段階で三四人中八人が一万cpm以上だった。測ったのは双葉町民が中心だった。

大熊町のOFCを拠点とした政府の現地本部では、より深刻な見解が示された。一三日未明の段階で、放医研から派遣されていた線量評価の専門家、鈴木敏和氏は「10万cpm程度多数」「原発北側（双葉地区）が高線量域である。（10万cpm）」と放医研に伝えたようだった。放医研は「双葉地区住民がハイリスク群」という見解を記した文書をまとめていた。

スクリーニングの現場では機能不全が起きていた。一万三〇〇〇cpmに達した人は除染後に甲状腺被ばく測定を行うはずだったのに、相双保健福祉事務所では除染すら行えず、県男女共生センターではスクリーニングの結果を避難した人に伝えていないようだった。

そんな中で一三日午前九時半、政府の現地本部は住民対応の手順を簡略化する案をまとめた。スクリーニングで基準値に達した場合の対応を除染のみにしようとした。

県にこの方針は伝わらなかったが、一三日夜に県は専門家を交えて話し合い、一四日以降は対応手順が簡略化された。基準値は一〇万cpmに引き上げられ、これに到達した場合は除染のみとなった。避難者向けのスクリーニングではたくさんの人が一万三〇〇〇cpmに達し、寒い中で待たされる公算が大きかったため、誰も該当しないようなレベルまで基準値は上げられた。

スクリーニングは数をこなすことが優先され、測定結果の記録はないがしろにされた。一〇万cpm未満は記録しないケースが目立った。スクリーニングに携わった人たちは「一万三〇〇〇cpmに達する人がたくさん」と証言したが、測定結果の多くは記録されていなかった。

一連の経過の中で特筆すべきは、県が予定していた対応手順が大幅に簡略化されたことだろう。「避難者向けのスクリーニングで一万三〇〇〇cpmに達する人がたくさん」という状況を考慮したとされる。

「一万三〇〇〇cpmに達する人がたくさん」は重い意味を持つはずだった。「甲状腺等価線量で一〇〇ミリシーベルトになり得る人がたくさん」「ＮａＩサーベイメータを使った甲状腺被ばく測定を受けるはずの人がたくさん」と同義だったからだ。にもかかわらず、避難した人たちのスクリーニングの結果は十分に書き残されず、甲状腺被ばく測定も省かれた。本来なら、どこかのタイミングで避難者向けの甲状腺被ばく測定を改めて実施すべきだった。対応手順の簡略化は「従来通りなら多くの人が足止めされる」「避難を優先するには仕方なかった」ということのようだが、やらなければならないことを省いたなら、避難が一段落したところで改めて実施すればよかったはずだ。しかし、そうはならなかった。

避難者向けの甲状腺被ばく測定が実施されなかったのはなぜか。

震災発生から一週間ほどの三月一七日、避難者の甲状腺内部被ばくの状況を矮小化《わいしょうか》する文書が放医研によって作られていた。スクリーニングの現場に周知され、避難者の被ばくの問題は幕引きされたようだった。原安委の指針類「緊急被ばく医療のあり方について」によれば、放医研は「緊急被ばく医療体制の中心的機関」とされ、各所に必要な支援や専門的な助言を行う役目が期待された。実際に事故が起きると、被ばくの状況を矮小化する工作に手を染めた。

避難者の被ばくは矮小化された

福島県のスクリーニングでは三月一四日以降、基準値が一万三〇〇〇cpmから一〇万cpmに引き上げられ、これに達した場合の対応は除染のみとなった。

各地から来たスクリーニングの応援部隊は、県自治会館四階の緊急被ばく医療調整本部に集まるようになっていた。本章の「対応手順は大幅に簡略化された」に登場した弘前大教授の浅利氏は一五日から調整本部に加わり、総合調整係を担った。

放医研の電子掲示板「緊急被ばく線量評価情報共有・伝達システム」を見ると、一六日午後七時ちょうどに浅利氏に関連した投稿がなされていた。

「スクリーニング班長・浅利先生、文科省の牧さん、原さんより放医研・吉田さんに対して下記の依頼がありました。お忙しいところ大変申し訳ありませんが、資料作成をご検討いただけないでしょうか」

「スクリーニング対象者が急増し、特例として10万cpmに上げた。現場の状況を考えると適切な判断だったと考える」

「一方、今後10万cpmの意味を問われることは間違いない」

「住民に対しての理論武装は必須となる。『何故自分は10万という高い値でOKとされたのか』、『調子が悪いのは10万という値のせい』という声が必ずでる」

「放医研でヨウ素、セシウムについて10万cpmでの被ばく線量を計算し、今回の措置が健康に影響を与えるものではないことを説明するための材料出しをして頂けないか」

「10万cpmの意味を問われることは間違いない」「理論武装は必須」「今回の措置が健康に影響を与えるものではないことを説明するための材料出しを」という働きかけは、どういう趣旨だったのか。何を放医研に求めたのか。浅利氏に取材した際、これらの点も尋ねていた。

「放医研の人と調整本部で話したんだと思います。名前は覚えていないですけど」と切り出した浅利氏は、当時の状況をこう語った。

「GMサーベイメータで一〇万cpmって針が振り切れる値です。これ以上は測ることができません。そのレベルで心配ないって本当に言っていいのかという疑問があったんです。一〇万の汚染が付いていても大丈夫なら根拠が欲しかったんです。全国から測定班が来ていたんですけど、彼らはスクリーニングの会場で矢面に立たされる。住民の方々から説明を求められます。その時に説明できるように、ということを考えて、放医研の人に尋ねました。『理論的にみんなに説明できるよう、一〇万cpmがどういうものか教えてくれ』と。放医研の人もうろ覚えで、正式に回答が出てこなかったので、『聞いてみますよ』という感じになりました」

一万三〇〇〇cpmの汚染が体に付く場合、甲状腺等価線量で一〇〇ミリシーベルトになり得るはずだった。体に付く汚染は、放射性ヨウ素が多く舞う中を避難し、呼吸で放射性ヨウ素を体内に取り込んでしまったこと、甲状腺内部被ばくを受けたことを示唆する物証と考えられた。事故前年の原安委被ばく医療分科会でも確認されていた。

ただ浅利氏は、「一万三〇〇〇cpmの汚染が体に付いている場合、甲状腺等価線量で一〇〇ミリシーベルトになり得る」と考え、放医研に質問を投げかけたわけではなかった。

「応援に来た人たちがマニュアルの中身を把握しているかというと、把握していないんです。元々のフローをみんな知らない。僕らじゃ計算ができない。下地がないわけですよ。緊急被ばく医療は勉強する機会がない。普通の医療は毎日患者さんと向き合ったり、検査したりしながら体に染みこませる。でも緊急被ばく医療はせいぜい訓練だけ。身に付かないんです。ちゃんと分かっているのは放医研の人たちぐらい。放医研以外は一〇万cpmがどういうものか分からないんですよ」

問題は「ちゃんと分かっている」はずの放医研だった。

放医研の電子掲示板では一八日午前一〇時一六分、千葉の放医研にいた大町康氏が「100kcpm根拠ペーパー藤林先生が中心でつくりました」と投稿し、「100kcpm根拠」と題したPDF文書を添付ファイルとして送信していた。「k」は「キロ」「一〇〇〇」、「100kcpm」は「一〇万cpm」を意味しているのだろう。

添付ファイルはA4判一枚の文書で、最上部に「汚染クリアランスレベルとして100，000cpmを設定した根拠（メモ）」、その右下に「2011／03／17　放医研作成」とあった。一六日に「スクリーニングの基準値が一〇万cpmで大丈夫か」と浅利氏から問い合わせを受け、翌一七日に放医研が作成したと思われる。大町氏の投稿では、この文書は「藤林先生」が中心になって作成したとあった。情報開示請求で得た放医研の事故対応の体制図を見ると、「副本部長代理兼医療情報提供責任者」の欄に「藤林C長」と書かれていた。財団法人「文教協会」が発行する「文部科学省　国立大学法人等職員録」の一〇年版や一一年版によれば、放医研の分子イメージング研究センター長として藤林康久氏がいた。大町氏の投稿の「藤林先生」は彼のことだろう。

「汚染クリアランスレベルとして100,000cpmを設定した根拠（メモ）」を読んだ。「測定値：100,000cpm（体内に取り込んだものとして計算）」とあり、いくつかの計算式が続いていた。下に読み進めていくと、この汚染が放射性ヨウ素によってもたらされた場合の線量が書かれていた。「0.17mSv＝170μSv」とあった。「〇・一七ミリシーベルト」「つまり一七〇マイクロシーベルト相当」ということだ。

全く理解が追いつかなかった。

原子力安全研究協会の「緊急時医療の知識」などによれば、一平方センチメートル当たり四〇ベクレルの汚染が体に付く場合、つまりGMサーベイメータの計測値で一万三〇〇〇cpmの場合、甲状腺等価線量で一〇〇ミリシーベルトになり得るということだった。しかし問題の文書では「一〇万cpmの汚染が付いている場合、被ばく線量は〇・一七ミリシーベルト」と導かれていた。

改めて計算式に目を通した。「測定値：100,000cpm（体内に取り込んだものとして計算）」に続いて「サーベイメータ効率：20％」とあり、「100,000cpm／0.2＝500,000dpm＝8333dps（＝Bq）」と計算していた。その上で「全量をI－131と仮定」と記し、「8333（Bq）×2.0×10^{-5}（mSv/Bq）＝0.17mSv＝170μSv」と導いていた。「I－131」は放射性ヨウ素の

放医研が作成した「汚染クリアランスレベルとして100,000cpmを設定した根拠（メモ）」

汚染クリアランスレベルとして 100,000 cpm を設定した根拠（メモ）

2011/03/17　放医研作成

根拠1.

Manual for First Responders to a Radiological Emergency (IAEA 発行, 2006)

皮膚及び衣料において除染を必要とするレベル

10,000 Bq/cm2 以上（β、γ）＝　200,000 dps/20cm2 = 12,000,000 dpm

（計数効率 20%とすると）＝2,400,000 cpm

現在設定している 100,000 cpm は、この 24 分の 1　であり 20 倍以上の安全係数をとっている。

根拠2.

1．法令にある実効線量当量係数（mSv.Bq）：吸入摂取の場合

Cs-137 : 6.7 x 10-6　　　I-131 : 2.0 x 10-5

2．条件

測定値　　　　　　　：100,000 cpm（体内に取り込んだものとして計算）

サーベイメータ効率：20 %（体表面測定、体内 RI であることから便宜的に設定）

3．計算

100,000 cpm / 0.2 = 500,000 dpm = 8333 dps(= Bq)

・全量を Cs-137 と仮定すると：

8333 (Bq) x 6.7 x 10-6 (mSv/Bq) = 5.6 x 10-2 (mSv) = 56　μSv

・全量を I-131 と仮定すると：

8333 (Bq) x 2.0 x 10-5 (mSv/Bq) = 0.17 mSv = 170　μSv

4．他の被ばくとの比較

・胃 X 線集団検診＝ 600　μSv

したがって、胃検診の 4 分の 1 程度

・自然放射線による年間被ばく＝2.4 mSv

したがって、170 μSv / 2.4 mSv = 0.07 (年) = 26 (日)分の自然放射線被ばく

※情報開示請求で入手

こと。計算式の中で登場する「2.0×10^{-5}」は「法令にある実効線量当量係数」「吸入摂取の場合」と書かれていた。「10^{-5}」は「10の5乗で割った数」「一〇万分の一」を意味する。

文書の最後には「他の被ばくとの比較」という項目があった。

胃検診を受けるとエックス線で六〇〇マイクロシーベルト、つまり〇・六ミリシーベルトの医療被ばくを受けると記されており、「〇・一七ミリシーベルト」という値は「胃検診の4分の1程度」と解説されていた。また、自然界の放射線によって年間二・四ミリシーベルトの被ばくを受けるため、「〇・一七ミリシーベルト」は「0・07（年）＝26（日）分の自然放射線被ばく」に相当すると説明されていた。

匿名で取材に協力してくれた放医研関係者がいたため、その人に計算式を読み解いてもらった。この文書の存在は知らなかったようで、目を通してもらうとこんな言葉を漏らした。

「無茶苦茶な計算をやっていますよ。こういうことが放医研の名前で行われていたんですか。ショックです。これはひどい。いや、本当に。夢に見そうです。多分、専門家がチェックしていない文書ですよ。専門家が見ていたら、外に出ていかない書類です。それぐらいひどい」

ごく簡単に言えば、こうなるという。

GMサーベイメータは、汚染を読み取る検出器の部分と測定結果を表示する本体の部分がコードでつながれている。検出器は懐中電灯のような形をしており、先端の丸い読み取り窓をかざし、汚染の程度を調べる。読み取り窓は直径五センチメートルほど。面積にして二〇平方センチメートルになる。

放射性物質は放射線を出すため、放射性物質がある場所にGMサーベイメータをかざして放射線の数を調べると、そこにある放射性物質の量を割り出すことができる。

ただし、GMサーベイメータには性能上の限界があり、全ての放射線を捕捉できるわけではない。「捕捉できているのは何割」と仮定を立てた上、「全ての放射線の数はこれだけ」「かざした場所にある放射性物質の量はこれだけ」と導いていくことになる。

問題の文書では、GMサーベイメータで捕捉できる放射線は「全体数の二割」と仮定を置き、GMサーベイメータをかざした場所にある放射性物質の量がどれだけか、つまり何ベクレルあるか算出している。それが「100,000cpm / 0.2 = 500,000dpm = 8333dps（= Bq)」という最初の計算式に当たるという。

先の放医研関係者は「検出器を当てた部分、つまり丸い読み取り窓の下にどれだけ汚染が付いているかを計算しているのが最初の式。ここまではまだ分からないでもないですけど、次の式が理解できない」と述べる。

次の式とは「8333（Bq）×2.0×10^{-5}（mSv/Bq）＝0.17mSv＝170μSv」のことだ。「『小さな丸い窓の下にある汚染を吸い込んだ』と考えた上、吸入時の線量換算係数を掛けて被ばく線量を出している。『丸い窓の下にある汚染を吸い込む』なんてこと、あるんですかね」

繰り返しになるが、「緊急時医療の知識」などで示されたのは、体に付いた汚染の程度から、放射性ヨウ素が多く舞う中を通ってきたか、どれだけ呼吸で体内に取り込んだか、甲状腺内部被ばくがどの程度になるかをつかむ考え方だった。一万三〇〇〇ｃｐｍの汚染が付いていれば、甲状腺等価線量が一〇〇ミリシーベルトになり得るとされた。

これに対し、問題の文書は「小さな丸い窓の下にある汚染だけを吸い込んだ」という想定にすり替えたとみられる。こんな想定はありそうにないにもかかわらずだ。そうまでして放医研は「一〇万ｃｐｍでも〇・一七ミリシーベルト」と線量を小さく見せかけたようだった。

この値を導くための仕掛けは、他にもあった。

先の放医研関係者は「甲状腺への影響を考えるなら、等価線量で計算しなくちゃいけない。でも実効線量に換算している。結果的に値としては二桁ほど小さくなる」と教えてくれた。

等価線量も実効線量も単位として用いられるのは「シーベルト」だが、考え方はずいぶんと違う。「個別の臓器がどれだけ被ばくしたか」を分析する際には等価線量を計算する。一方、「体全体で考えると被ばくの程度はどれほどか」という視点で計算するのが実効線量だ。

実効線量を導く際には、臓器別の等価線量を足し合わせることになる。ただし単純に足し算をするのではなく、臓器別の等価線量に対し、あらかじめ割り当てられた係数を掛け、それらを合計する。実効線量を導くために甲状腺の等価線量を換算すると、二〇分の一程度になる。甲状腺等価線量で一〇〇ミリシーベルトは五ミリシーベルト程度になる。こうして換算した方が数字は小さく見える。問題の文書では、そんな「トリック」が使われたということだ。

文書の内容は、県のスクリーニングに携わった人たちの間で共有されたとみられる。それを裏付けるのが「自治会館4F　全体ミーティング」という文書だ。放医研に対する情報開示請求で入手していた。手書きの二枚組で、一枚目の上部には「Fax送信　3／18　8：39　To：千葉本部　From：内堀（福島自治会館4F）」とあった。

県庁西隣の県自治会館四階には緊急被ばく医療調整本部が置かれ、朝と夜にはスクリーニングの応援部隊を対象にしたミーティングが開かれた。放医研から自治会館に派遣されていた「内堀」という職員が三月一八日の午前八時半すぎ、朝のミーティングの様子を書きとめ、放医研にファックスで送った文書が「自治会館4F　全体ミーティング」だろう。

一枚目には「本日朝の全体ミーティングのメモです」「100kcpmの根拠について　全員に放医研のメモが紹介されました」とあり、二枚目には「吸入に対して100kcpm」「170μSv　⇓26日分の自然放射線」「胃　600μSv　自然　2・4mSv」などと書かれていた。

一八日朝のミーティングの様子を伝えた文書は、他にも情報開示請求で入手していた。文科省から放医研にメールで送られてきたA4判一枚の文書だった。

最上部に「文科省EOC医療班　↑　緊急被ばく医療チーム」「緊急被曝医療調整本部（自治会館）：朝ミーティング　3月18日（金）　8：00〜9：00」とあり、「福島県のスクリーニング検査の基準10万cpmの根拠について」という項目では「放医研から根拠として考えているメモを受け取ったとのこと」「170μSvに相当。（数値は一人歩きしてしまうことがあるので、対外的には言わないようにとのこと。）」と書かれていた。

放医研がこう周知した影響をどう考えたらいいか。

「緊急被ばく医療体制の中心的機関」と位置づけられた放医研は、各所に専門的な助言を行う

放医研の「工作」が周知されたことをうかがわせる文書

EOCメール 3/18 11:45

文科省 EOC 医療班 ← 緊急被ばく医療チーム

緊急被曝医療調整本部（自治会館）：朝ミーティング
3月18日(金) 8：00～9：00

○役割分担
全国からの各スクリーニングチームの分担場所を説明。今後、会津方面にチームを延ばしていく予定。

○患者輸送について
２０～３０km 圏内対象者について、これまで個々に対応していたが組織的に対応することとした。今後、新潟に約 100 名搬送予定。搬送前に郡山のハイテクプラザでサーベランス（スクリーニング、健康チェック等）する予定。サーベランスは全国の DMAT に依頼予定。数チーム DMAT が集まっているので、順調に進めば搬送の拠点としたい。

○放医研の医師及び看護師各１名が、ここに常駐することとなったので、住民からの線量等の疑問があればその対応・説明方法について相談ができるので、連絡するようにとのこと。

○福島県のスクリーニング検査の基準１０万ｃｐｍの根拠について
放医研から根拠として考えているメモを受け取ったとのこと。根拠としては、①ＩＡＥＡ２００６手順書で、皮膚、衣料の除染１万 Bq／cm2 とされており、これを計算すると、２４０万ｃｐｍ(サーベィメータの計数効率を２０％として)。１０万ｃｐｍは約１／２０。②１０万ｃｐｍを実効線量当量係数（ｍＳｖ／Ｂｑ）から想定換算すると、137Ｃｓで５６μＳｖ、131Ｉで１７０μＳｖに相当。（数値は一人歩きしてしまうことがあるので、対外的には言わないようにとのこと。）

○スクリーニング済証
昨日からスクリーニング済証の統一のフォーマットが出来ており発行している。

○参考情報
放射線量率（午前９時）：自治会館　４Ｆ室内　０．１５μSv／h
周辺　１１μSv／h
周辺道路表面　１６μSv／h

※情報開示請求で入手

ことになっていた。県自治会館の調整本部にいた浅利氏は「緊急被ばく医療の分野でちゃんと分かっているのは放医研の人たちぐらい」と述べていた。

放医研は頼られる存在だった。放医研が「一〇万ｃｐｍの汚染が付いていても〇・一七ミリシーベルト」と示せば、受け入れられる下地があった。一方、放医研が示した値を聞き、「一万三〇〇〇ｃｐｍの汚染が付いていると甲状腺等価線量で一〇〇ミリシーベルトになり得るのではないか」と違和感を抱いた人もいたかもしれない。ただ、よく分かっているはずの放医研があらぬ値を示したら、何かしらの意図を感じるだろう。忖度《そんたく》を働かせるだろう。その結果、放医研が示したように「一〇万ｃｐｍの汚染が付いていても〇・一七ミリシーベルト」という扱いになったのではないか。

一〇万ｃｐｍは一般的なＧＭサーベイメータの測定上限だ。これより高い値は測れない。つまり「避難者向けのスクリーニングで針が振り切れるほど高い値が計測されても、〇・一七ミリシーベルト」と扱われることになったのではないか。「全ての避難者は〇・一七ミリシーベルト以下」「被ばくの影響は心配する必要がない」と判断されることになったのではないか。

問題の文書をまとめたであろう藤林氏には、放医研を通じて取材を申し込んだ。

当時の藤林氏の肩書きはやはり分子イメージング研究センター長だった。

「放射線科の画像診断に使う薬の研究開発に携わってきました。アルツハイマーなんかで脳にたまるタンパクがあるんですけど、それにくっつく薬を注射すると、外見上は認知症に見えなくても、アルツハイマーの原因となるタンパクを見つけ、診断を付けることができます」

被ばくの程度を見立てる線量評価の経験があるか尋ねると、「ほぼないですね」と答えた。

福島原発事故の際には放医研の対策本部で副本部長代理と医療情報提供責任者を務めていたが、「副本部長代理はセンター長全員だったんですよ。医療情報提供責任者といっても、主な役目は電話相談対応でした。当時は関東一円の病院から問い合わせがありまして。電話を受けるのは私自身ではないですけど、受ける人をまとめる役割ですね。困ったことがあれば、僕が走って誰かに相談を持っていく。僕は医者じゃないので、医療情報を発信できる立場ではない。僕自身が回答するというより、皆さんをつなぐ立場だった」。

「汚染クリアランスレベルとして100，000cpmを設定した根拠（メモ）」を藤林氏に見せた。「これを作ったのは覚えています」と述べた。

何とも言えない違和感を抱いた。藤林氏は線量評価に詳しくない上、「医療情報を発信できる立場ではない」と述べた。それなのに重要な文書をまとめていた。

放医研の対策本部で藤林氏より上の立場と言えば、本部長を務めていた理事長の米倉義晴氏か、本部長補佐の明石真言氏になる。彼らから頼まれたのか。

「二人は多分、この時はおられたので、どちらかからうかがったと思います」

どういう経緯で作成することになったのか。

「『（スクリーニングの基準値が）一〇万cpmで何とかならないか』という連絡が放医研の会議であって、『しっかりした根拠がないか』という話になった。それで『説明する資料の取りまとめをしてくれないか』と僕に振られた。当時、被ばく影響を専門にする先生方は忙しすぎたんですよ。放医研で座っているのが難しくて。僕は電話番ですから、放医研にいるのは間違いない。こういう書き物でも作っておけという趣旨だったと思います」

門外漢の藤林氏が自らの見解をまとめたわけではなかったという。

「サイエンティフィックに問題がないと認めているものがないか探してもらった。僕自身、探す能力はなかったので。皆さんが資料として出してくれたものを整理してまとめました」

問題の文書には、一〇万cpmの汚染が付いていても〇・一七ミリシーベルトと書かれていた。一〇万cpmの汚染が付いていても問題ないという理解だったのか。

「そうですね。特に大きな心配はないという意味で」

どういう計算をしていたのか、分かっていたのか。

「誰かからもらったものをそのまま書いたんですけど。そういう意味では、咀嚼《そしゃく》しきれていないんですよ」

問題の文書の内容は三月一八日朝に県自治会館で開かれたミーティングで共有されたようだった。その前に文書を他の人にチェックしてもらわなかったのか。

「放医研の会議で見ていただいた。皆さんにお目通ししていただいた覚えがあります」

その時の反応はどうだったのか。

「特に何もなかったと思いますけど。是とか非とか」

一万三〇〇〇cpm相当の汚染が体に付いていると、甲状腺等価線量で一〇〇ミリシーベルトになり得るという考え方を知らなかったのか。そうぶつけると、藤林氏は「それはどこで定められているんですか。事故が起きる前からあったんですか」と逆質問を投げかけてきた。

事故前年の原安委でも確認されています、と返した。

「僕はそうした情報を持っていなかったです」

藤林氏は続けて「知らなかった。申し訳ない。僕は専門家じゃなくて」と述べ、「なんでこんなことが起きたんですかね、そうしたら」と漏らした。こちらが聞きたかった。

「不十分なことがいっぱいあった」

放医研の工作はこれだけにとどまらなかった。政府の事故対応で助言役を務める原安委にも「避難者のスクリーニングで一〇万ｃｐｍの汚染が体に付いていても問題ない」「スクリーニングの基準値は一〇万ｃｐｍで構わない」とお墨付きを出すよう働きかけていた。原安委に加え、政府の現地本部も放医研からの要請に沿った文書をまとめ、各所に伝えていた。事故対応の中枢を巻き込み、「避難者の被ばくは問題ない」という見解をすり込んでいた。

放医研と原安委のやりとりを記した文書は、かねて公表されていた。

原安委のウェブサイトのうち、「原子力安全委員会が作成した文書の検討経緯について」には、「スクリーニングレベル変更に関する経緯」というＰＤＦ文書が掲載されていた。

これを読むと、放医研の緊急被ばく医療研究センター長が三月一八日ごろに原安委と連絡を取っていた。一九日には放医研が「スクリーニングレベル１００，０００ｃｐｍについて」という文書を作成し、原安委に提出した。先のＰＤＦ文書には「スクリーニングレベル１００，０００ｃｐｍについて」が資料として添付されていた。この一枚の文書を読むと、「避難者のスクリーニングで一〇万ｃｐｍの汚染が体に付いていても問題ない」「スクリーニングの基準値は一〇万cpmで構わない」という趣旨の内容が書かれていた。

先のPDF文書には、原安委が一九日、放医研から専門的な説明をもらったことを踏まえ、「スクリーニングの基準値は一〇万cpmで構わない」という見解をまとめ、その見解を政府の原災本部に伝えたと書かれていた。本章の冒頭でも触れた通り、政府事故調の最終報告も同じような内容を記していた。原安委は一九日、放医研の緊急被ばく医療研究センター長からの要請を受け、「スクリーニングの基準値は一〇万cpmで構わない」とお墨付きを与える見解をまとめた。政府の現地本部も二〇日、原安委と同様の見解を文書にまとめ、各所に伝えた。

放医研が原安委に提出した「スクリーニングレベル100,000cpmについて」を丁寧に読み込んでみた。欠陥だらけだった。政府事故調はなぜ問題視しなかったのか、なぜ報道機関は指摘しなかったのかと思うほど、ひどい内容だった。

まずは文書の内容を整理して伝える。

冒頭、GMサーベイメータで一〇万cpmと計測されるのはどんな状況か計算していた。一平方センチメートル当たり三五四ベクレルの汚染が付着している場合と導いていた。

そして放射性ヨウ素の半減期に当たる八日間、この汚染が続いた場合、皮膚の等価線量は九〇ミリシーベルトになると算出し、「皮膚の等価線量限度500mSvに比して十分に低い値である」と判断した。

その一方、国際原子力機関（IAEA）が二〇〇六年に作成した報告書「Manual for First Responders to a Radiological Emergency」を引用し、一〇万cpmと計測されたケース、すなわち一平方センチメートル当たり三五四ベクレルの汚染が体に付くケースをどう考えるべきか検討した。

IAEAの報告書には、「一平方センチメートル当たり一万ベクレル」という基準値が掲載されている。これと比べれば、一〇万cpmの汚染が付いていても十分に低いと判断した。

IAEAの基準値との比較は、もう一つ書かれていた。

一〇万cpmの汚染が付いているケースでは、一〇センチメートルの距離で空間線量を測ると毎時一・一マイクロシーベルトになると導いた上、IAEAの報告書に記されるもう一つの基準値「毎時一マイクロシーベルト」とほぼ同じであると評価した。

以上を踏まえ、「一〇万cpmの汚染が体に付いていても問題ない」「スクリーニングの基準値は一〇万cpmで構わない」と判断した。

前出の通り、「スクリーニングレベル100，000cpmについて」の提出に先駆けて原安委と連絡を取ったのは放医研の緊急被ばく医療研究センター長ということだった。

当時のセンター長は明石真言氏だった。前章の「幕引きの進言」で触れた通り、四月に「疫学調査は不要」と官房副長官の福山氏に進言したのが明石氏だった。放医研の対策本部では、本部長補佐を務めていた。原発事故対応のナンバー2だった。

明石氏に取材した際、原安委に提出したこの文書についても尋ねていた。

「われわれの中で計算して、議論して出しました」

そう答えた明石氏に対し、欠陥を一つずつただすことにした。

放医研が原安委に提出した「スクリーニングレベル100，000cpmについて」のうち、最も分かりやすい欠陥は、「皮膚の等価線量限度五〇〇ミリシーベルトと比べて十分低い」という部分だった。

被ばく防護の議論でよく引用されるのが、国際放射線防護委員会（ICRP）が定める基準値だった。ICRPの一九九〇年勧告や二〇〇七年勧告を見ると、「皮膚の等価線量限度が年間五〇〇ミリシーベルト」と定めていたのは「職業被ばく」についてだった。原発で働く作業員らを対象に「線量限度が年間五〇〇ミリシーベルト」と定めていた。その一方、一般公衆、つまり住民の線量限度は「年間五〇ミリシーベルト」だった。被ばくしやすい環境にいる作業員は高めに設定され、そうではない住民は低く抑えられていた。

放医研は住民の線量限度を引用すべきだった。住民の話をしているのだから当然だろう。しかし作業員の線量限度を引用し、「線量限度を下回るのなら問題ない」と論理展開した。

明石氏に「文書の中で書いてある線量限度って、一般公衆の値じゃないですよね。ＩＣＲＰの一九九〇年勧告や二〇〇七年勧告に書いてある数字と違いますよね」とぶつけた。

「そういう目で見たら、これは」

等価線量限度で五〇〇ミリシーベルトというのは職業被ばくのケースではないのか。なぜこんな書きぶりにしたのか。

「だから多分、その時の、今っていうか、ええと……」

どういう意図があったのか。

「意図は多分、計算した時に、われわれの中で、一応……」

同じ質問を繰り返すと、こう返ってきた。

「どう答えたらいいか分からないけど、この文書で書かれているのは、不十分なことがいっぱいあったということになると思います」

なぜそんな文書をまとめたのか。

「ちょっと僕はその、当時のことは分かんないですけど。どういう議論になったかは覚えていない。職業人と一般人が一緒にされているところに問題があると。冷静に見ればそういうことになると思います」

問題は他にもあった。

「スクリーニングレベル100，000cpmについて」は、IAEAの報告書に記載された二つの基準値を引用していた。「一平方センチメートル当たり一万ベクレル」と「一〇センチメートルの距離で測った空間線量が一マイクロシーベルト」だ。一〇万cpm相当の汚染が体に付いたままでも、IAEAの基準値は下回る、もしくは同程度の値のため、特別な問題は生じないと論理展開する。似た言い回しは、一七日にまとめた「汚染クリアランスレベルとして100，000cpmを設定した根拠（メモ）」にも書かれていた。

この二つの基準値はＩＡＥＡの報告書の七四ページから引用したと記載されていた。ＩＡＥＡのウェブサイトで報告書の英語版を見ると、七四ページは「Skin and clothing contamination criteria for determing if decontamination is warranted（除染が必要かどうかを判断するための皮膚や衣服の汚染基準）」という表題になっており、確かに二つの基準値が掲載されていた。ただ、具体的にどんな計算に基づいて設定したかは書かれていなかった。

県のマニュアルで示されるスクリーニングの基準値とは、大きな乖離があった。二つの基準値のうち、特に「一平方センチメートル当たり一万ベクレル」は驚くほど高いと思った。

県のマニュアルの基準値は「一平方センチメートル当たり四〇ベクレル」だった。原子力安全研究協会の「緊急時医療の知識」では、これだけの汚染が体に付いている場合、甲状腺等価線量で一〇〇ミリシーベルトになり得ると記されていた。体に付いた汚染の程度から、避難の際に放射性ヨウ素が舞う中を通ってきたか、呼吸でどれだけ体内に取り込んだか、どれだけ甲状腺内部被ばくを受けたかをつかむ考え方だった。二〇一〇年一月二六日の原安委被ばく医療分科会では、この考え方が確認されたほか、「一平方センチメートル当たり四〇ベクレルはＧＭサーベイメータの計測値で一万三〇〇〇ｃｐｍ相当」と説明されていた。

この違いをどう捉えればいいのか。「緊急時医療の知識」の作成に携わった鈴木元氏を取材した際、ＩＡＥＡの基準値について尋ねると、こう教えてくれていた。

「ＩＡＥＡの方は『そのまま汚染を放置すると危ないレベル』として設定している」

体に付いた汚染からは放射線が出る。それによって本人や周囲の人たちに被ばくをもたらすことがある。そうした考え方に基づき、「このレベルだと危ない」と判断されたのがＩＡＥＡの基準ということなのか。鈴木氏に投げかけると「そういう論点で書かれています。そのまま汚染を付けていてもいいか、除染した方がいいかという議論です」と答えた。

本章の「除染を挟む意味」でも扱ったが、「緊急時医療の知識」も「一平方センチメートル当たり四〇ベクレルが三日間残ったらどの程度の被ばくをもたらすか」という試算を掲載していた。それほど大きな値にはならないという結果だった。だから「汚染を残すと危ないレベル」は、「一平方センチメートル当たり四〇ベクレル」よりもかなり高い値になるのだろう。

さらに言えば、ＩＡＥＡの方は「危ない」と考えるレベルを高く設定していたようだった。「THE HAZARD（想定している危険）」という項目などで繰り返し登場した言葉が「severe deterministic health effects（健康への重篤な確定的影響）」だった。

ＩＡＥＡが相当高い値を採用したのはなぜか。作成の経緯を踏まえると理由が想像できた。

二〇〇七年七月二五日に開かれた原安委の「緊急被ばく医療のあり方に関する検討会」ではこの報告書が議論の対象になった。速記録によると、議長役の主査を務めた公立学校共済組合関東中央病院長の前川和彦氏が「今、9・11以降、核災害というときに、核テロなしには語れないわけですね。国際的なさまざまなガイドラインも幾つか出ています」と切り出した。これを受ける形で、鈴木元氏が「やっぱり9・11のテロでして、IAEAも……『ファーストレスポンダー2006』というのが出ているわけです」と述べ、テロ対策に備えるよう提言した。

検討会で議論になったのはテロ対策だった。〇一年九月一一日の米同時多発テロを受けてIAEAが作成したのが「Manual for First Responders to a Radiological Emergency」だったという。

IAEAの基準は、テロで人命が脅かされる中でも足止めしなければいけないほど、多くの汚染が付く人をふるい分けるために設定されたということなのだろう。

明石氏に尋ねた。体に付いた汚染は、避難途中にどれだけ放射性ヨウ素にさらされたか、どれだけ体内に放射性ヨウ素を取り込んだか、どれだけ甲状腺内部被ばくに見舞われたかをつかむ重要な手掛かりになるはずだった。一平方センチメートル当たり四〇ベクレルの汚染が体に付いている場合、つまりGMサーベイメータの計測値で一万三〇〇〇cpmの場合、甲状腺等価線量で一〇〇ミリシーベルトになり得るという考え方があったはずだ。「スクリーニングレベル100，000cpmについて」でこの考え方に言及しなかったのはなぜか。

「だから、あの、たぶん、そうやって作ったレベルだったものが、他の、別の……」

一〇万cpmの汚染が体に付く場合、単純計算なら等価線量で八〇〇ミリシーベルト近くになるかもしれない。なぜその点に言及しなかったのか。

「本来のなれそめは、そういうところから出てきた数字なんだけど、もうあの、この。内部被ばくのことを多分、ここで議論したわけではないので。そういう議論はしないで、こういう数字になったんだと思います」

肝心の部分は無視した、ということだ。

別の角度から質問した。IAEAの基準値を引用したが、この値の意味をどう捉えていたか。

「IAEAが載せた、載せたというのは、周りの人への影響を書いた部分が大きいと思います」

IAEAの報告書では、基準値を導くために使われた詳しい計算式が見当たらなかった。基準値に達した場合、誰がどれだけ被ばくを受けると理解していたのか。

「ＩＡＥＡのこういう基準を下回っているとしか言っていないです」

どんな人をふるい分ける基準値なのか分かっていなかったのか。

「ええと、そうですね、もう、これが、ええと……」

要領を得ない言葉の後にこう述べた。

「ＩＡＥＡ、もしかしたら、過信していたのかもしれないですね。一個一個の数字を一個一個、百パーセント評価しないでつくったものである。そういうことだと思います」

言葉を失った。「避難者のスクリーニングで一〇万ｃｐｍの汚染が体に付いていても問題ない」「基準値は一〇万ｃｐｍで構わない」と言えそうな数字として持ってきただけ、ということか。

あまりに罪深いと感じた。「一万三〇〇〇ｃｐｍがたくさん」「甲状腺等価線量で一〇〇ミリシーベルトになり得る人がたくさん」「甲状腺被ばく測定を受けるはずの人がたくさん」という状況ではなかったのか。そうぶつけると、明石氏は文書の中身について改めて非を認めた。

「（放射性ヨウ素を）吸っているということは確かに考慮していないです。評価しないで、これを決めたのは事実です。きちんとできていなかったのは、言われた通りです」

明石氏は「悪事に手を染めている」という意識があったはずだ。

「一平方センチメートル当たり四〇ベクレルの汚染が体に付いている場合、つまりGMサーベイメータの計測値で一万三〇〇〇cpmの場合、甲状腺等価線量で一〇〇ミリシーベルトになり得る」という考え方は、一〇年一月二六日に開かれた原安委の被ばく医療分科会で確認されていた。この会議で主査代理を務めたのが明石氏だった。県のマニュアルではスクリーニングの基準値として「一平方センチメートル当たり四〇ベクレル」が採用された。マニュアルの巻末を見ると、作成に携わった専門家たちの氏名が掲載されていた。「明石真言　放射線医学総合研究所・緊急被ばく医療研究センター被ばく診療部長」という記述を見つけることができた。県のマニュアルの対応手順、スクリーニングの基準値の意味をよく知るのが明石氏だった。

汚れ役

避難者向けのスクリーニングでは、たくさんの人が一万三〇〇〇cpmに達したという。「甲状腺等価線量で一〇〇ミリシーベルトになり得る人がたくさん」「NaIサーベイメータを使った甲状腺被ばく測定を受けるはずの人がたくさん」という状況を意味していた。

福島県による住民対応は一四日以降、円滑な避難のため、大幅に簡略化された。一〇万cp

ｍに達した人たちを除染するだけになった。一〇万ｃｐｍ未満の記録は十分に残されなかった。放医研は三月一七日から一九日にかけ、避難者の被ばくの問題を矮小化する工作に手を染めた。「汚染クリアランスレベルとして１００，０００ｃｐｍを設定した根拠（メモ）」「スクリーニングレベル１００，０００ｃｐｍについて」を作成し、「避難者のスクリーニングで一〇万ｃｐｍの汚染が付いていても〇・一七ミリシーベルトの被ばくにしかすぎない」などと各所に伝えた。原安委のほか、政府の現地本部も追認した。「避難者の被ばくは問題ない」とされてしまった。

二〇日すぎ、第一原発の二〇キロ圏だった避難区域を拡大する案が浮上した。原安委と官邸が協議した結果、二〇キロ圏外の状況把握のために甲状腺被ばく測定を行うことになった。

政府の甲状腺被ばく測定は二四～三〇日に実施した。ＳＰＥＥＤＩを使った推計などを踏まえ、第一原発から北西や南に三五～四五キロ離れた地域で一〇八〇人を調べた。「半減期の問題で、測る時間がない」と詭弁を持ち出し、早々と打ち切った。それだけにとどまらず、「原発から北西や南に三五～四五キロ離れた地域」は「最も線量が高い地域」と見立て、この地域で全員が甲状腺等価線量で一〇〇ミリシーベルト相当の基準値を下回ったことから「他の地域も問題ない」と判断された。関係省庁による会議では「避難者は健康上問題ない」という見解が共有された。この会議に出席した放医研の明石氏は「疫学調査は不要」と官邸に進言した。放医研の会議では「一一歳の少女が甲状腺等価線量で一〇〇ミリシーベルト程度」「第一原発がある双葉町から避難した」と報告されたものの、特別な対応は取られなかった。

何度も繰り返すが、甲状腺被ばく測定を受けたのは一握りの人たちだけだった。大多数の人たちは、自分がどれだけ被ばくしたのかよく分からない。今から測ることもできない。「望まない被ばくを受けた」「がんになったのは被ばくのせい」と訴えようにも、測定を受けておらず、「被ばくした」という証拠が残っていないため、聞き流される構図ができている。医療的な支援や補償を求めたくても、泣き寝入りを強いられる状況が生じている。

政府には、被ばくから住民を守る責務があった。避難指示の遅れなどで被ばくさせてしまった場合には厳しい追及にさらされる可能性が高かった。「被ばくさせた」という証拠が残っていない今、政府は追及から逃れている。

これが事の顚末《てんまつ》だったようだ。

大きな転機は三月一七日だった。放医研が「汚染クリアランスレベルとして100,000cpmを設定した根拠（メモ）」をまとめた日だ。この内容が周知されてから、「避難者向けのスクリーニングで一〇万cpmでも〇・一七ミリシーベルトの被ばくにすぎない」「避難者の被ばくは問題ない」「避難者の甲状腺被ばく測定は不要」という扱いになったとみられる。

この文書の中身は、放医研が独断で決めたのではないと考えていた。

放医研の電子掲示板では一六日午後七時、県のスクリーニングに携わっていた弘前大の浅利氏からの問い合わせが書き込まれた。「基準値は一〇万cpmで問題ないのか」という趣旨だった。翌一七日、放医研の藤林氏が「汚染クリアランスレベルとして100，000cpmを設定した根拠（メモ）」をまとめ、一八日にこの文書の中身がスクリーニングの現場へ周知されたようだった。

藤林氏は取材の際、「線量評価は専門外」「皆さんが資料として出してくれたものを整理してまとめました」と話していた。彼の発言はうそではないと受け止めていた。

放医研の電子掲示板では一七日午後二時二二分、千葉の放医研にいた大町康氏が「10万cpmに関する参考資料です」と書き込み、一枚のPDF文書を添付送信していた。

これを見ると、最上部に「非常災害対策センター　Fax：　2011年3月17日（木）11：34」と印字され、「明石セ長様←カマクラ」と手書きされていた。文科省の非常災害対策センターにいた「カマクラ」氏が一七日午前一一時三四分に放医研の緊急被ばく医療研究センター長である明石氏にファックスし、電子掲示板でも共有されたと読み取ることができる。

この一枚の文書には「(条件)測定値　10，000cpm(体内に取り込んだものとして)」「サーベイメータの効率　20%」とあり、いくつかの式の後に「17μSv」という計算結果が記されていた。「17μSv」は一七マイクロシーベルトのこと。〇・〇一七ミリシーベルトに相当する。

ここで書かれていたのは「一万cpmでも被ばく線量は〇・〇一七ミリシーベルト」という内容だった。それぞれ一〇倍にすると、「一〇万cpmでも被ばく線量は〇・一七ミリシーベルト」になる。藤林氏がまとめた「汚染クリアランスレベルとして100，000cpmを設定した根拠(メモ)」の内容と一致する。

藤林氏にはこの文書を見せていた。

「多分、これを参考にして僕は書いた。これを参考にしてやりなさいと言われたと思います。一万と書かれていたので、一〇万にしたらいいかと。ものすごい単純なこと」

藤林氏は「一万cpmでも被ばく線量は〇・〇一七ミリシーベルト」という計算について「どういうところを想定しているのか分からなかった」と述べた一方、「送ってきたところが送ってきたところなんで、まあいいかと思って、そのまま書いたんです」と明かした。「送ってきたところ」というのは文科省のことだ。

明石氏を取材した際にも同じように見せていた。あて名を見る限り、この文書は明石氏が受け取ったと考えたからだ。明石氏は「これって誰の字なんですかね。誰が書いたんですかね」と述べた。自分はよく分からない、と言いたいようだった。

それでも話を続けた。「送ってきたのは非常災害対策センター」と水を向けた。

明石氏は「文科省ですよね」と応じた。

続けて「明石セ長様↑カマクラ」という記述にも触れることにした。

明石氏の取材時、放医研の上部組織に当たる国立研究開発法人「量子科学技術研究開発機構」ではカマクラ姓の人物が安全管理部長に就いていた。機構のウェブサイトから分かった。

財団法人「文教協会」が発行する「文部科学省　国立大学法人等職員録」の一〇年版や一一年版を見ると、同姓同名の職員が当時、同省の原子力安全課にいたことが確認できた。

明石氏に尋ねた。機構のカマクラ部長は当時、文科省にいたのではないか。

「彼、いたんですよ。出向していたんじゃないかな」

今は安全管理部長の方、と確認すると、明石氏は「そうです」と答えた。

「明石セ長様←カマクラ」と記された文書

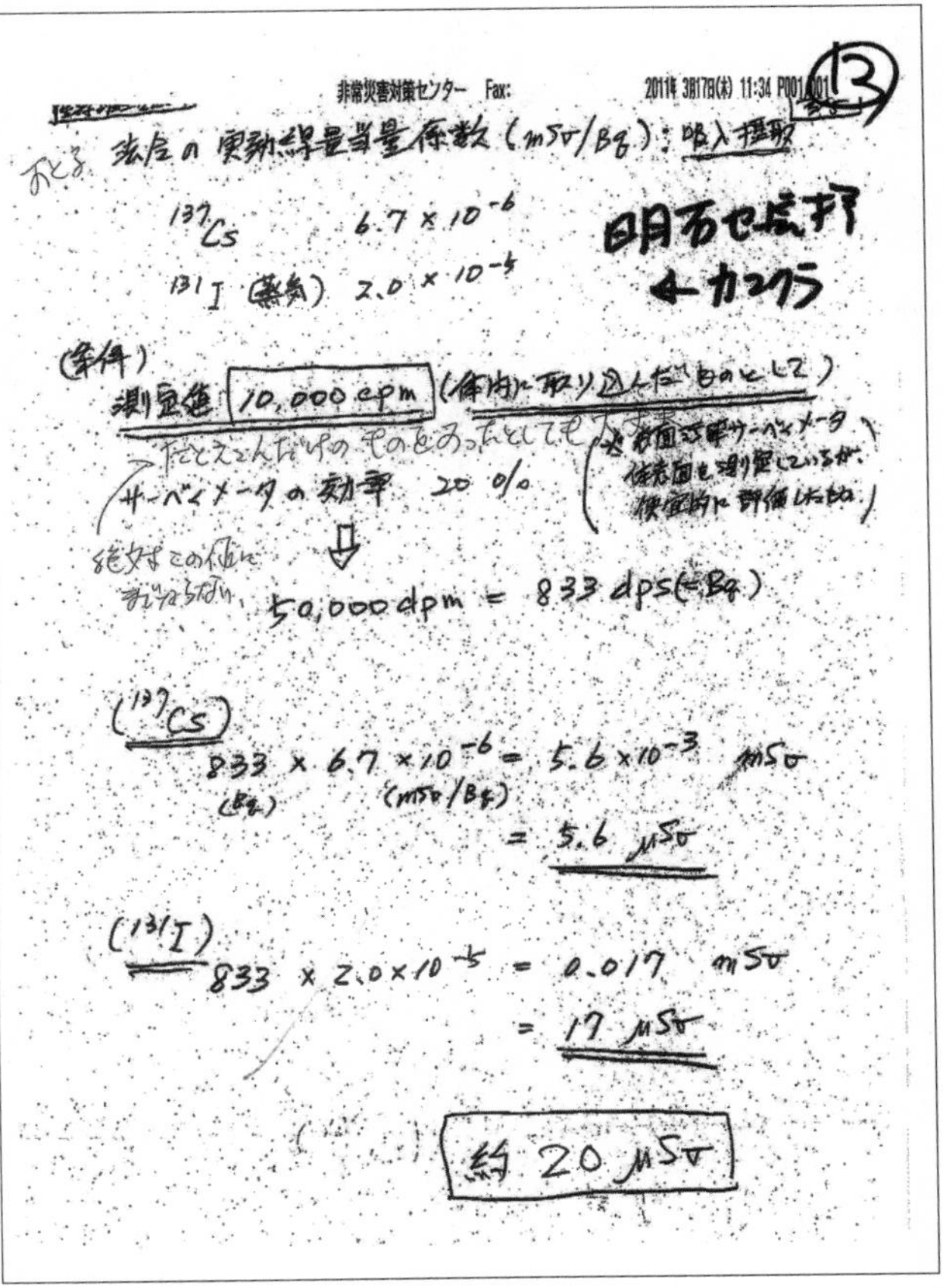
非常災害対策センター Fax: 2011年3月17日(木) 11:34 P001/001

⑫

おとな 成人の実効線量当量係数 (mSv/Bq)：吸入摂取

^{137}Cs 6.7 × 10^{-6}

^{131}I (蒸気) 2.0 × 10^{-5}

明石セ長様

←カマクラ

(条件)

測定値 10,000 cpm (体内に取り込んだものとして)

※表面汚染サーベイメータ 体表面を測定しているが、保守的に評価したもの。

サーベイメータの効率 20 %

⇩

絶対この値にはならない

50,000 dpm = 833 dps (=Bq)

(^{137}Cs)

833 × 6.7 × 10^{-6} = 5.6 × 10^{-3} mSv

(Bq) (mSv/Bq)

= 5.6 μSv

(^{131}I)

833 × 2.0 × 10^{-5} = 0.017 mSv

= 17 μSv

約 20 μSv

※情報開示請求で入手

ただ、文書の作成者が機構のカマクラ部長なのか、どういう意図で文科省が文書を送ってきたのかは、はっきりしなかった。明石氏は「一〇万cpmは文科省とあまり話をした記憶はなくて。僕あてに来ているけど、よく分からなくて。なんで文科省から来たんですかね。これを見ただけだと、なんで僕に送ってきたんだろうというぐらいですね」と述べるだけだった。

機構のカマクラ部長は事情を知っているのだろうか。機構を通じて取材を申し込むと、放医研の研究企画室長の北川敦志氏からこんなメールが送られてきた。

「職員へのインタビューのご希望を受けて貴紙取材にご協力させていただいてきたところですが、ご希望の対象人数も増え、内容も申請書の簡単な記載だけでは効率的な対応ができず、通常の業務にも支障をきたすおそれが生じております。そこで、今後も取材にはできるかぎりの協力をさせていただきたいところですが、取材の手法につきましては個々の職員へのインタビューから別のやり方への変更をご検討いただけませんでしょうか」

「最もよいやり方を目指して当法人本部も含め組織内で調整させていただこうと思います。ご理解いただけましたら幸いです」

直接話をするのはお断り、ということか。

一連の経過を改めて整理した。放医研の電子掲示板では三月一六日午後七時、一〇万ｃｐｍというスクリーニングの基準値について問い合わせがあったことが投稿された。一七日午前一一時三四分にはカマクラ氏から明石氏に一枚の文書がファックスされ、これを基に藤林氏が「汚染クリアランスレベルとして１００，０００ｃｐｍを設定した根拠（メモ）」をまとめたようだった。

一六日午後七時の投稿は、「スクリーニング班長・浅利先生、文科省の牧さん、原さんより放医研・吉田さんに対して下記の依頼がありました」という書き出しだった。

「浅利先生」は県自治会館四階の緊急被ばく医療調整本部にいた弘前大の浅利氏のことだった。文面を見る限り、「文科省の牧さん、原さん」が一緒にいたようだった。彼らなら、カマクラ氏から明石氏に送られた文書について何か事情を知っているかもしれない。

情報開示請求で入手した職員の派遣リストを見ると、この時期に文科省から福島に派遣されていた「牧さん、原さん」のフルネームが載っていた。牧慎一郎氏と原真太郎氏。文科省の事務職員で、三月一四日から四日間、県自治会館に派遣されたと記されていた。

牧慎一郎氏は、前章の「『時間なく』と『絞り込み』」に登場した元文科官僚のことだろう。

取材時には「悪事を暴くんでしょ」「足抜けしたのに、ヤクザ時代の話ですか」と強い警戒感を示していた。政府事故調のヒアリング記録に記載されていた甲状腺被ばく測定の話以外は受け付けず、カマクラ氏の文書の件まで話がたどり着かなかった。

原真太郎氏はまだ文科省に在籍していた。対面取材をお願いしたいと電話で伝えた。しかしその後、「出張中の職務（組織としての行動）に係る照会ですので、現在、当該職務を担当している部局に取材いただければと思います」と断りのメールが送られてきた。

文科省に情報開示請求を行うことにした。福島原発事故関連の文書がとじられたファイルの名称を把握し、そこから必要と思われるファイルを選んで開示を求めようと考えた。

二〇二〇年三月に「ファイルのタイトルが分かる資料」の開示を求めた。

一カ月後、文科省から通知が送られてきた。「原子力規制委員会に移管されていると考えられる」と記されていた。改組に伴い、文科省は事故関連の文書を手放したようだった。

既に我関せず、ということか。

放医研の関係者に取材を繰り返していたころ、複数の内部告発が届いた。直接会うなどして内情を聞いた。そのうちの一人は「国の研究機関でしょ、放医研は。だから上層部に官僚が来ている。事故があった時もね。彼らには逆らえない。機嫌を損ねると、予算が取れなくなる。彼らが『余計なことはするな』って空気を広めていたと思っている」と語った。

別の一人は、事故対応のナンバー2だった明石氏についてこう述べた。

「後で困らないかと思って見ていました。『一〇〇ミリシーベルトを超える子はいない』という趣旨の話もしたようですけど、言わされていたのかなと思います。だって、情報がないのに言えるわけがないじゃないですか。だから頼まれたんでしょうね。公務員として矛盾がある中で頑張っていた気がします」

黒幕と被災県

放医研の対応には不可解な点が目立った。その背後には「黒幕」の存在が見え隠れした。数多くの公文書を入手したが、そこに登場するのは主に実動を担った人たちだった。取材したのも現場に近い人たちが中心だった。官僚や政治家らには十分話が聞けなかった。彼らがどう関わったのか、どんな思惑を抱いていたのか。

不可解という点で言えば、被災県である福島県の対応も看過できなかった。

原発近くからの避難者向けのスクリーニングでは「一万三〇〇〇cpmに達する人がたくさん」という状況だった。「甲状腺等価線量で一〇〇ミリシーベルトになり得る人がたくさん」「県のマニュアルに照らせば、甲状腺被ばく測定に進むはずの人がたくさん」と同義だったはずだ。

何度も繰り返すが、避難者の足止めを避けたい県は甲状腺被ばく測定を省いてしまった。省いた甲状腺被ばく測定を改めて行わなかった。政府の甲状腺被ばく測定では避難者が対象外になり、調べたのも一〇八〇人と少なかった。不足分を補うため、県は独自に測定すべきだったのに、そうしなかった。弘前大の床次氏が浪江町などで測定を行うと、中止を迫った。

県のマニュアルは甲状腺被ばく測定に重きを置いていた。被害者救済のために測定結果を記録する意味も理解していた。しかし事故後は測定に動かなかった。なぜそうなったのか。

県が事故後に続ける「県民健康調査」にも疑問があった。

この調査は福島県立医科大に委託し、事故当時一八歳以下の県民を対象に甲状腺がんの発症状況を検査している。専門家らによる検討委員会では、調査の方向性について議論しているほか、被ばくによってがんが増えているか、継続的に解析している。

初会合の開催は二〇一一年五月二七日。首をかしげたくなるのが委員の人選だった。例えば、公益財団法人「放射線影響研究所」（放影研）の主席研究員、児玉和紀氏。彼は初会合に先駆け、ある提案をしていた。その内容が問題だった。

児玉氏は当時、官邸の助言役「原子力災害専門家グループ」の一員だった。公明党が四月二八日、県立医科大による健康調査を求める提言書を官邸に提出すると、専門家グループの面々は官邸から助言を求められた。児玉氏の回答は文書で残っており、情報開示請求で入手できた。

「福島原発事故においては早期から汚染ミルクの出荷制限が適切に実施されていますので、甲状腺がんが住民に増加する可能性は低いとは思われます」とあり、こうも記されていた。

「長期疫学調査を行なうことによって、①この程度の被ばく線量では甲状腺がんは増加しない、あるいは、②行政の対応が迅速適切であったために、甲状腺がんの増加を防ぐことが出来た、といった結論が導かれる可能性もあります」

「疫学調査を行なう目的はこの他にもあり……今後遠くない時期に必ず生じる保障（註：原文ママ）問題やそれに関連した訴訟において必要となる『健康影響についての科学的根拠』を得ること、なども含まれます」

児玉和紀氏が提案した内容を記した文書

(13)：「甲状腺がんのフォローアップ」

UNSCEAR2008 報告書に詳しく記述されているように、チェルノブイリ原発事故で住民にみられた健康影響は小児の甲状腺がんでした。福島原発事故においては早期から汚染ミルクの出荷制限が適切に実施されていますので、甲状腺がんが住民に増加する可能性は低いとは思われます。しかしながら、健康管理ならびに長期疫学調査を行なうことによって、①この程度の被ばく線量では甲状腺がんは増加しない、あるいは、②行政の対応が迅速適切であったために、甲状腺がんの増加を防ぐことが出来た、といった結論が導かれる可能性もあります。

（健康管理および疫学調査を行なう目的はこの他にもあり、③住民や作業員の健康診断を実施することにより、疾病の早期発見・早期治療や保健指導を行い、住民の安心・安全に努めること（これが短期・中期的にはもっとも大切なことでしょう）、④人類史上これまでに例の無い形となった低線量反復被ばくの健康影響を科学的に検証すること、⑤今後遠くない時期に必ず生じる保障問題やそれに関連した訴訟において必要となる「健康影響についての科学的根拠」を得ること、なども含まれます。）

※情報開示請求で入手

児玉氏は取材に応じなかったため、真意は分からない。ただ文面を読む限り、早々と「住民の被ばくは少ない」「行政の避難指示が適切だった」と判断していたようにも思えた。住民から補償を求める裁判を起こされても対応できるよう、健康調査を通じて「被ばくの影響なし」と見解をまとめることも一つの案と考えていたようにも感じた。

甲状腺内部被ばくを測ったのはわずかなのに、ここまで踏み込んだ腹案を持っていたとしたら、県民健康調査の検討委員として適任だったのか。

委員の人選の問題は他にもあった。委員には放医研の明石氏もいた。早々と「住民の被ばくは少ない」と判断しただけでなく、「疫学調査は不要」と官邸に進言していた。「調査が不要」と考える人物がなぜ、調査結果を分析する検討委のメンバーに入るのか。

明石氏の進言時に同席したとされる経産省の西本氏、文科省の伊藤氏の二人も、検討委の初会合に出席した。オブザーバーという立場だった。彼らがこの場にいた意味をどう捉えたらいいのか。

調査が始まった後、県と政府は共同歩調を取ったように思えた。

第一章の「特別な数字」で扱ったように、ともに政府の甲状腺被ばく測定を引用し、「被ばくによってがんが増えるとは考えにくい」と周知してきた。一〇八〇人しか調べていないのに、被ばくの影響を否定するのはあまりに乱暴ではないか。そんな論理展開は簡単に思いつくはずもないのに、県と政府は同じように訴えてきた。なぜ一致するのか。いつ意見をすり合わせたのか。

福島県は「被害者の代表」という役目を担っていたはずだ。被ばくを受けた可能性がある人に代わり、救済を求める役割が求められていたはずだ。被ばくを受けた人がいると分かれば、政府は東京電力ともども責任を問われる立場にあった。加害責任をただされる可能性があった。

県はどちらに近い立場を取ってきたのか。県は何を考えてきたのか。

幸い、事情の一端を知るであろう人物が福島県庁の中にいる。内堀雅雄知事だ。

本章で扱った通り、震災当日の三月一一日深夜、副知事だった内堀氏は大熊町のオフサイトセンター（ＯＦＣ）に着いた。政府の現地本部が置かれ、経産省や文科省の面々も集まった。放医研からは鈴木敏和氏が派遣された。先に触れたように、放医研に残る文書の中には「3月13日（日）　4：49　鈴木　敏和氏より」と記された一枚の文書があった。最初の爆発の翌日にＯＦＣの鈴木氏が寄せた情報をまとめたとみられる。繰り返しになるが、この文書に記されていたのは次の内容になる。

「県、保健所長＋総括保安院課長」「10万ｃｐｍ程度多数（12万人規模の汚染者発生）」「原発北側（双葉地区）が高線量域である。（10万ｃｐｍ）」

ＯＦＣにいた内堀氏もこうした情報を把握していたのではないか。「一万三〇〇〇ｃｐｍを遥かに超える人」、つまり「甲状腺等価線量が一〇〇ミリシーベルトを遥かに超え得る人」「県のマニュアル上は甲状腺被ばく測定が必要な人」が多数と判断されていたことを知っていたのではないか。

県は甲状腺被ばく測定を省いた。政府もわずかしか測らなかった。内堀氏はどう受け止めていたのか。あずかり知らぬところで進んだのか。もしそうだとしても、不十分な測定だったことは分かるはずだ。改めて測るよう求めなかったのか。求めなかったとしたら、なぜなのか。

内堀氏は二〇一四年一一月一二日の知事就任会見で、原発事故後の状況について「光と影の両方を正確に知っていただく努力ということを私自身はしたいと思っております」と述べた。

残念ながら、先の疑問に答えるような説明は聞こえてこない。自ら語るのをためらうような事情があるのだろうか。

やはり、さらなる解明作業が必要ということか。

取材を続ける上で重要な手掛かりになるのが、当時の文書だ。だから各所にお願いしたい。重要な文書はシュレッダーにかけないでほしい。あの会のように。

おわりに

東京新聞で連載を始める直前、会わなければならないと思っていた人に会うことができた。福島原発事故後に甲状腺がんを患った方だった。

放射線の被害を受けたかもしれない人たちは、どんな思いを抱いてきたのだろうか。かねて胸中を聞きたいと考えていた一方、紙面に登場してもらうと、いらぬ誹謗《ひぼう》中傷にさらされかねないとも思い、取材をためらってきた。それでも被害者の救済について深く考えるには、当事者になり得る人の胸の内を知らなければならないと思い、人づてに探すことにした。幸い、信頼できる方から「取材に応じてくれる女性がいる」と教えてもらうことができた。

仲介してくれた方も交え、食事をしながらの取材になった。まだ社会人になってまもないのに、彼女の受け答えはとても丁寧だった。よく食べ、笑顔も絶えない。

ひと目見ただけではがんを患ったと分からないだろうと感じた。甲状腺があるのどの辺りに手術の跡は見当たらない。やせ細っているわけでもない。健康的な印象さえ受けた。

しかし、会話の途中に漏らした言葉は重かった。

「私の人生、病気になって、ぐちゃっとされちゃいました」

福島県で生まれ育ったこの女性は大学生の時、甲状腺がんと診断された。福島原発事故から五年ほどたったころだった。

地元は福島県の「中通り」と呼ばれる地域だった。福島県は海に面した東側から「浜通り」「中通り」「会津」と区分けされる。「中通り」は県庁所在地の福島市があり、東北新幹線が通るエリアだ。浜通りの福島第一原発から五〇〜六〇キロ前後の距離になる。

東日本大震災が起きた二〇一一年三月一一日は、中学校の卒業式があった。昼すぎに帰宅し、家族がいる居間でうたた寝している時に大きく揺れた。

「家中、ぐちゃぐちゃになって、ひどかったです」

女性はそう振り返る。

翌日以降、福島第一原発は爆発を繰り返した。

「両親からは『家の中にいて』と言われていたんですけど、買い出しを手伝ったり、高校から出された課題を提出したりって、何回かは外に出ざるを得なかったです」

それから五年ほどたったころ、甲状腺がんと診断された。きっかけは、福島県が行う甲状腺がんの検査だった。

「当時は大学が楽しすぎて、検査に行くこと自体、面倒くさいと思っていました。でも自分の体がむくんだり、のどに違和感があったりして、体調が悪いのも自覚していました。体重も一〇キロ増えて。いろいろ調べてくれた母は『甲状腺の病気じゃないか』『原発事故と関係しているかもしれないから、検査を受けてほしい』と言うので、ちょっと忙しかったけど、福島県内でやっていた検査に行くことにしました」

福島県は事故後に始めた「県民健康調査」の一環として、事故当時一八歳以下だった県民四〇万人近くを対象に甲状腺がんの検査を実施してきた。甲状腺があるのどに超音波検査器を当て、しこりの有無を調べる検査だ。

「私の場合、他の子と比べて検査時間が長かったんですよ。ずっと検査されていた印象で、何かあるんだろうなと感じていました」

それほど期間を置かず、検査主体の福島県立医科大から連絡があった。精密検査の受診案内だった。

「何度かしつこく電話が来たので、『もうがんになっているな』と考えだしました。覚悟したというか。でも、夜中に不安になって、甲状腺がんのことをすごく調べたりすることもありました」

精密検査を終えた後、県立医科大の医師と面談した。

がんと宣告された。

「私自身は覚悟を決めていたんですけど、一緒にいた母が泣きそうになっていて、頭が回らないような表情でした。本当に大切に育ててくれたのが私の両親。一番つらかったと思います」

面談の際、自身の担当医は姿を見せなかった。別の患者の手術が大幅に長引いたためで、がんの告知は他の医師が行った。ここは信用できないと感じ、手術は別の病院で受けた。

がんを切除した日のことはよく覚えていた。

「麻酔を入れるのがものすごく痛かったです。そこからすぐ記憶がなくなって、手術をして、運ばれている時に目が覚めたんですけど、体が動かなくて、目も開けられなくて、すごく寒くて、苦しくて」

吐き気や気分の悪さも続き「もう絶対、手術したくないと思うくらい、つらかった」と語る。

それでも早期発見のためか、転移はなかった。大学は無事卒業でき、東京都内の会社に就職することができた。しかし本人は違和感を持ち続けている。体のむくみを感じることが少なくなく、風邪の治りも悪くなった。再発の不安も消えない。

「私、バリバリ仕事して、結婚もしたいと思っていました。でも、がんになって歯車が狂ったと感じています」

自身のがんと原発事故の関連は「あると思っています」と語った。

「甲状腺がんになる原因は、被ばくか遺伝かって言われていますよね。私の家系で甲状腺がんの人は誰もいないんです。父方も母方も」

被ばくした自覚がある。

「原発の爆発があったころ、私は何回か外に出ました。その時に放射性物質を吸い込んじゃったかもしれない」

しかし彼女がどの程度、甲状腺内部被ばくを受けたか分からない。政府や福島県は、彼女の甲状腺にどれだけ放射性ヨウ素が集まっていたか測定しなかったからだ。

丁寧に語ってくれていた女性が語気を強めた。

「バレバレなんですよね。すごく隠したいんだって。私たちが被ばくしたっていうことを」
彼女は事故が起きた時、まだ中学生だった。「当時からそう思ってきたのか」と考えるとやりきれず、「こんな思いをさせてしまった」と考えると、私たち大人のふがいなさが情けなかった。

「被ばくのせいでがんになった」と感じながら、そう訴える有力な証拠を持たない人たちは泣き寝入りするしかないのか。救済の道を開くことはできないのか。次に事故が起きた時、同じ事態を招いてしまわないか。
福島原発事故からまもなく一〇年になる。「終わったこと」にすることはできない。

取材を続ける上で励ましの言葉をかけてくれた方々には、感謝の思いばかりです。東京新聞特別報道部で指導いただいた田原牧さん、集英社新書編集部の落合勝人さん、野呂望子《のぞみ》さん、校閲の皆様もありがとうございました。これからも取材は続けていきます。

二〇二〇年一二月

榊原崇仁

主な参考文献（順不同）

高田昌幸、大西祐資、松島佳子編著『権力に迫る「調査報道」　原発事故、パナマ文書、日米安保をどう報じたか』旬報社、二〇一六年
内閣府原子力安全委員会「緊急被ばく医療のあり方について」二〇〇八年
福島県双葉町「双葉町東日本大震災記録誌　後世に伝える　震災・原発事故」二〇一七年
内閣府原子力安全委員会「環境放射線モニタリング指針」二〇一〇年
東京電力福島原子力発電所における事故調査・検証委員会「中間報告」二〇一一年、「最終報告」二〇一二年
内閣府原子力安全委員会「原子力施設等の防災対策について」二〇一〇年
福島県立医科大「FUKUSHIMA　いのちの最前線　東日本大震災の活動記録集」二〇一二年
原子力災害危機管理関係省庁会議「原子力災害対策マニュアル」二〇一〇年
谷川攻一、王子野麻代編著『医師たちの証言　福島第一原子力発電所事故の医療対応記録』へるす出版、二〇一三年
中央防災会議「防災基本計画」二〇〇八年
福島県「福島県緊急被ばく医療活動マニュアル」二〇〇四年
原子力安全研究協会「緊急時医療の知識─第1次緊急時医療活動─」一九九三年
原子力安全基盤機構「初動時の現地対策本部の活動状況」二〇一二年

福島県「東日本大震災に関する福島県の初動対応の課題について」二〇一二年
東京電力福島原子力発電所事故調査委員会「調査報告書」二〇一二年
福島県相双保健福祉事務所「東日本大震災における活動の記録誌」二〇一四年
放射線医学総合研究所「東京電力福島第一原子力発電所事故への対応　放射線医学総合研究所職員の活動記録」二〇一六年
放射線事故医療研究会編『放射線災害と医療　福島原発事故では何ができて何ができなかったのか』医療科学社、二〇一二年
ｓｔｕｄｙ２００７『見捨てられた初期被曝』岩波書店、二〇一五年
吉田千亜『孤塁　双葉郡消防士たちの３・11』岩波書店、二〇二〇年

榊原崇仁(さかきばら たかひと)

一九七六年、愛知県生まれ。京都大学大学院教育学研究科修了。二〇〇二年四月、中日新聞社に入社。一一年三月の東日本大震災時は北陸本社報道部に勤務。一三年八月から東京本社(東京新聞)特別報道部。福島県の県民健康調査や政府のリスクコミュニケーション、避難指示解除、帰還政策などを報じた。一六年三月から名古屋本社新城通信局。同年、日隅一雄・情報流通促進賞奨励賞。一八年八月から再び特別報道部。

福島《ふくしま》が沈黙《ちんもく》した日《ひ》 原発事故《げんぱつじこ》と甲状腺被《こうじょうせんひ》ばく

集英社新書一〇五一B

二〇二一年一月二〇日 第一刷発行

著者……榊原崇仁《さかきばらたかひと》
発行者……樋口尚也
発行所……株式会社集英社
東京都千代田区一ツ橋二-五-一〇 郵便番号一〇一-八〇五〇
電話 〇三-三二三〇-六三九一(編集部)
〇三-三二三〇-六〇八〇(読者係)
〇三-三二三〇-六三九三(販売部)書店専用

装幀……原 研哉
印刷所……大日本印刷株式会社 凸版印刷株式会社
製本所……加藤製本株式会社

定価はカバーに表示してあります。

ISBN 978-4-08-721151-1 C0231 Printed in Japan

a pilot of wisdom

ペンの力　浅田次郎／吉岡忍
「東北のハワイ」は、なぜV字回復したのか スパリゾートハワイアンズの奇跡　清水一利
村の酒屋を復活させる 田沢ワイン村の挑戦　玉村豊男
デジタル・ポピュリズム 操作される世論と民主主義　福田直子
戦後と災後の間——溶融するメディアと社会　吉見俊哉
「定年後」はお寺が居場所　星野哲
ルポ 漂流する民主主義　真鍋弘樹
ルポ ひきこもり未満　池上正樹
中国人のこころ「ことば」からみる思考と感覚　小野秀樹
わかりやすさの罠 池上流「知る力」の鍛え方　池上彰
メディアは誰のものか——「本と新聞の大学」講義録　一色清／姜尚中ほか
京大的アホがなぜ必要か　酒井敏
天井のない監獄 ガザの声を聴け！　清田明宏
限界のタワーマンション　榊淳司
日本人は「やめる練習」がたりてない　野本響子
俺たちはどう生きるか　大竹まこと
「他者」の起源 ノーベル賞作家のハーバード連続講演録　トニ・モリスン

言い訳 関東芸人はなぜM-1で勝てないのか　ナイツ 塙宣之
自己検証・危険地報道　安田純平ほか
都市は文化《アート》でよみがえる　大林剛郎
「言葉」が暴走する時代の処世術　太田光／山極寿一
性風俗シングルマザー　坂爪真吾
美意識の値段　山口桂
ストライキ2.0 ブラック企業と闘う武器　今野晴貴
香港デモ戦記　小川善照
ことばの危機 大学入試改革・教育政策を問う　東京大学文学部広報委員会・編
国家と移民 外国人労働者と日本の未来　鳥井一平
LGBTとハラスメント　神谷悠一／松岡宗嗣
変われ！東京 自由で、ゆるくて、閉じない都市　隈研吾／清野由美
東京裏返し 社会学的街歩きガイド　吉見俊哉
人に寄り添う防災　片田敏孝
プロパガンダ戦争 分断される世界とメディア　内藤正典
イミダス 現代の視点2021　イミダス編集部・編
中国法「依法治国」の公法と私法　小口彦太

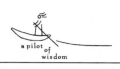